Christian Lüdke & Kerstin Lüdke (Text)
Andreas Becker (Illustration)

Mahl Zeit für mich

Leben » Lieben » Arbeiten
Rezepte für jede Lebenslage

medhochzwei
Ratgeber

für Liliana und Zoe

und so sind und bleiben wir unverbrüchlich Manfred Lüdke

Zwei Stimmen zum Buch:

Krystyna Lüdke

„Ich hätte nie gedacht, dass meine Schwiegertochter mal besser kocht als ich."

Lola Seidel

„Endlich verstehe ich, warum mein Schwiegersohn mal Zeit für mich hat."

Mahl Zeit für mich

Leben » Lieben » Arbeiten
Rezepte für jede Lebenslage

Christian Lüdke & Kerstin Lüdke (Text)
Andreas Becker (Illustration)

Bibliografische Information der Deutschen Bibliothek

Die Deutsche Bibliothek verzeichnet diese Publikation in der Deutschen Nationalbiografie; detaillierte bibliografische Daten sind im Internet über <http.//dnb.d-nb.de> abrufbar.

Es wird gegessen, wie es im Buche steht.

In diesem Buch ist aus rein pragmatischen Gründen der Lesbarkeit stets die männliche Sprachform gewählt worden, wofür wir alle Leserinnen um Entschuldigung und Verständnis bitten. Um deutlich zu machen, dass eine befriedigende Lösung des Sprachproblems nicht möglich ist, hier ein Beispiel: „Wenn man/frau mit seiner/ihrer Partner/in zusammen Essen gehen will, so wird er/sie mit ihr/ihm in ihr/sein oder sie/er mit ihm/ihr in sein/ihr Lieblingsrestaurant gehen." Wir ziehen die einfache Sprache der zwar korrekten, aber unübersichtlicheren vor.

Sprache muss bequem sein, wie ein Paar ausgelatschte Schuhe.

Wenn Sie in diesem Buch einen Druckfehler finden, dann dürfen Sie ihn behalten.

ISBN 978-3-86216-192-8

Text: Kerstin Lüdke & Christian Lüdke; www.zuwinken.de
Foto: Liane Metzler
Layout und Grafik: Andreas Becker; www.creative-vision.de
Druck: M. P. Media-Print Informationstechnologie GmbH, Paderborn

Liebe Leserinnen, liebe Leser, es war ein Mahl …

… vor über 150 Jahren, da lebte die wohl berühmteste deutsche Kochbuchautorin, Henriette Davidis (gestorben 1876 in Dortmund). Ihr „Praktisches Kochbuch" entwickelte sich zu *„dem"* Kochbuch des späten 19. und frühen 20. Jahrhunderts. Es gehörte zur Grundausstattung vieler deutscher Haushalte. In Antiquariaten findet man heute noch Exemplare dieses Buches. Bei näherem Hinsehen fallen die vielen Anmerkungen und Abnutzungserscheinungen auf, die darauf schließen lassen, dass die Bücher häufig genutzt und innerhalb der Familie weitergegeben wurden. Zielgruppe der Kochbücher vor mehr als 100 Jahren waren in erster Linie Frauen, die – so schrieben die Verleger des großen Kochbuches – „immer in besonderem Maße einen Sinn für das Praktische und das Schöne hatten".

Doch Kochbücher waren vom Ursprung her nicht nur Kochbücher, sondern immer auch zugleich Ratgeber, Erziehungs- und Bildungsprogramm. Sie wurden von den Frauen als Lehrbücher und Nachschlagewerke für das gesellschaftliche und praktische Leben, als Heiratsratgeber und „Gute Hausfrau"-Ratgeber genutzt. Hausfrau galt als Beruf, auf den frau vorbereitet werden musste. Zugegeben – aus heutiger Perspektive nicht ganz unkritisch, was die Rolle der Frau im letzten Jahrhundert anbelangte. Die Verfasserinnen großer Kochbücher, wie Henriette Davidis und Erna Zietzschmann, gaben immer auch wertvolle und *„praktische Winke"*, wie sie es nannten:

„Winke für Heiratslustige:

- Wer beim Essen zwischen zwei Schwestern sitzt, wird bald heiraten.
- Das Mädchen, das bald nach dem Essen abräumt, wird bald heiraten.
- Wer beim Essen zuletzt aufhört, kommt nicht zum Heiraten.
- Vor dem Kirchgang soll das Brautpaar eine Weinsuppe essen. Wer zuerst mit dem Löffel hineinfährt, wird Herr im Hause"[1] .

1 Zietzschmann: Das große Kochbuch. Gütersloh 1952, S. 20.

Aber auch für Männer gab es praktische Winke:
„Über das Vorschneiden des Fleisches. Nicht eher sollte ein Mann heiraten dürfen, als bis er jeden Braten geschickt und zweckmäßig zerlegen kann! Denn ist er genötigt, dies von alters her dem Hausherrn oder früher bei hohen Fürstlichkeiten besonders dazu bestellten Würdenträgern zukommende Amt der Hausfrau zu überlassen, wie will er dann noch das Regiment des Hauses festhalten?"[2]

Die praktischen Winke wollen wir gern in unserem Buch wieder aufleben lassen. Ein Kochbuch mit praktischen Tipps und Rezepten für jede Lebenslage: Leben, Lieben und Arbeiten und zwar à la carte. „À la carte" kommt aus der Gastronomie und bedeutet so viel wie: „nach eigenen Wünschen und Vorstellungen selbst zusammengestellt". Genauso, wie wir uns in einem guten Restaurant ein Gericht selbst aussuchen und nach unserem Geschmack zusammenstellen können, genauso können wir uns auch unsere verschiedenen Lebensbereiche zum großen Teil selbst zusammenstellen, um eine persönliche und berufliche Zufriedenheit zu erlangen. Damit dies einfacher gelingen kann, haben wir für Sie als Anregung unsere Rezepte mit einigen praktischen und delikaten Tipps garniert.

Wir wünschen Ihnen Guten Appetit!

Kerstin & Christian Lüdke
& Andreas Becker
Köln und Lünen im August 2014

2 Davidis: Praktisches Kochbuch, Bielefeld und Leipzig: Verlag von Velhagen und Klasing 1896, S. 670.

Cook Mahl hier …
in der Kürze liegt die Würze

Nehmen Sie dieses außergewöhnliche Kochbuch doch einfach als Buchwink! Zum Kochen, Ausruhen, Nachdenken oder als Anregung für Gespräche über Gott und die Welt und vielleicht auch über Gesundheit und Glück. Unten finden Sie zunächst die goldenen Regeln, wie Sie Ihr persönliches Lebensglück am sichersten finden können. Danach erhalten Sie vierundzwanzig rezeptfreie Rezepte für jede Lebenslage. Darin wimmelt es nur so von praktischen Tipps und Tricks. Es ist eine detaillierte Anleitung, wie Sie Ihr Leben zwischen Bett und Büro meistern können und wie Kochen als kognitiver Humus dienen kann, um darauf Ihre eigenen kreativen Ideen gedeihen zu lassen, indem Sie genau das tun, was wir in unserem Buch getan haben: Verbinden Sie Dinge, die auf den ersten Blick nichts miteinander zu tun haben – Gesundheit und Kunst, Kochbuch und Ratgeber. Am Ende werden Sie schon sehen, was Sie davon haben! Oft lässt uns der Alltag verzweifeln. Wir haben Angst zu versagen oder fühlen uns den Herausforderungen des Lebens nicht gewachsen. In diesen Momenten sind vier Worte die Lösung: Mahl Zeit für mich. Leicht gesagt? Und leicht gemacht! Hören Sie auf, sich diesen Stress anzutun. Wenn Sie noch heute mit den folgenden fünf Winken beginnen, werden Sie endlich zu sich kommen und Zeit für sich haben, das zu tun, was wirklich wichtig ist, für Sie, Ihre Gesundheit und Ihr persönliches Glück:

- Haben Sie den Mut, sich treu zu bleiben, statt so zu leben, wie andere es von Ihnen erwarten. Seien Sie Sie selbst und die richtigen und wirklich wichtigen Menschen werden Sie lieben. Sie müssen sich nicht ständig rechtfertigen. Vor Ihrer Familie und Ihren Freunden müssen Sie das eh nicht und Gegner und Menschen, die Sie nicht mögen, hören sowieso nicht hin. Haben Sie keine Angst davor, Fehler zu machen. Fehler zu machen ist produktiver als gar nichts zu machen. Wichtig ist, aus Fehlern zu lernen. Dann gibt es keine Fehler mehr, sondern nur noch viele Lerngelegenheiten. Gewinnen kann jeder. Erst das Verlieren und die Niederlagen machen uns erfolgreich!

- Arbeiten Sie nicht so viel und nehmen Sie sich Zeit für die schönen Dinge des Lebens. Dinge, die wir uns wünschen, sind meist viel zu teuer. Was wir wirklich im Leben brauchen ist mit Geld eh nicht zu kaufen: Glück, Freunde, Liebe, Lachen, Leidenschaft. Und der richtige Zeitpunkt, um eine Pause zu machen, ist der, in dem Sie denken, am wenigsten Zeit dafür zu haben. Vor allem: Versinken Sie nicht in Selbstmitleid. Schwierige Zeiten im Leben sind selbstverständlich. Höhen und Tiefen gehören genauso zum Leben wie Ebbe und Flut, Tag und Nacht. Hören Sie auf zu meckern und zu jammern. Leben Sie jetzt. Morgen existiert noch nicht!

› Haben Sie den Mut, Ihren Gefühlen Ausdruck zu verleihen. Gefühle sind immer richtig. Es gibt keine falschen Gefühle. Nehmen Sie Ihre Gefühle nach Möglichkeit im Zeitpunkt ihrer Entstehung wahr, benennen Sie diese und drücken Sie sie der Situation entsprechend aus. Zur Erinnerung: Gefühl ist alles, was „explodiert": Freude, Trauer, Wut, Ärger, Orgasmus und Staunen.

› Halten Sie den Kontakt zu Ihrer Familie und Ihren Freunden. Beziehungen verändern sich. Es kann auch schon mal zu Streit und Zerwürfnissen kommen. Vergeben und verzeihen Sie und schauen Sie nach denen, die lange Zeit nach Ihnen gesehen haben. Laufen Sie nicht vor Problemen weg. Suchen Sie eine direkte Lösung, das stärkt auf Dauer nicht nur Ihre Persönlichkeit, sondern auch die Bindung zu Menschen, die zu Ihrer Familie und Freunden gehören. Begeben Sie sich nicht in falsche Gesellschaft. Das Leben ist zu kurz, um die kostbaren Stunden, die uns geschenkt sind, mit nervigen Personen zu vergeuden.

› Gönnen Sie sich mehr Freude. Machen Sie sich nicht so viele Sorgen. Fragen Sie sich jetzt einmal, ob die Probleme, die Sie heute haben, in ein paar Jahren noch eine Rolle spielen. Falls nein, dann stellen Sie das Grübeln sofort ein. Seien Sie auch nicht neidisch auf das, was andere haben. Fragen Sie sich lieber: „Was habe ich, was andere gern hätten?" Nehmen Sie den Schwierigkeiten mit einem Lächeln die Schwere. Lächeln ist zudem die schönste Art, einem Gegner die Zähne zu zeigen.

Chill Kröte

Zutaten und Zubereitung

Lieben

Glück und Wertschätzung

Zutaten:

Familie, Partnerschaft, Freunde und soziales Umfeld

Zubereitung und Zuwinke:

Arbeiten

Erfolg und Zufriedenheit

Zutaten:
Schule, Arbeit und Leistung, materielle Sicherheiten

Zubereitung und Zuwinke:

NEHMEN SIE SICH
ETWAS ZEIT
ZEIT
ZEIT
ZEIT
ZEIT
Du kannst alles,
was Du willst!
Prof. Dr. Ärnzt

Quatsch mit Soße

Quarkspeise mit Fruchtsauce

Zutaten

Für die Quarkspeise
500 g Sahnequark
50 ml Milch
1 Päckchen Vanillezucker
2 EL Zucker

Für die Sauce
300 g frische Erdbeeren oder Himbeeren
1 EL Zucker
1 TL Zitronensaft

Zubereitung

Den Sahnequark mit der Milch glattrühren und mit Vanillezucker und Zucker abschmecken.

Die Beeren verlesen, putzen und bis auf einige zum Garnieren mit dem Zucker und dem Zitronensaft im Mixer oder mit dem Pürierstab fein pürieren. Um kleine Kernchen zu entfernen, streichen Sie die Masse durch ein Sieb.

Quarkspeise mit den restlichen Beeren garnieren und mit der Sauce anrichten.

Quatsch mit Soße: Was i(s)st das denn?

> *Er kocht und sie malt. Hinterher raten beide, was es sein soll.*

Humor

Wann haben Sie das letzte Mal so richtig von Herzen gelacht? Und worüber? Oder gab es in letzter Zeit eher weniger zu lachen? Haben Sie das Gefühl, das Leben rauscht nur so an Ihnen vorbei? Sie leben auf der Überholspur des Lebens? Sie haben das Gefühl, nur noch zu funktionieren? Tagein, tagaus? Wie eine Maschine: Arbeitsmaschine, Aufräummaschine, Kindererziehungsmaschine, Liebesspendermaschine? Ein Mensch, der nur noch auf Funktionen reduziert ist, ist leicht austauschbar. Haben Sie das Gefühl, dass das Lachen in Ihrem Leben auf der Strecke geblieben ist und dass es nicht mehr zu lachen gibt? Lachen ist besser als Weinen. Nehmen Sie sich selbst nicht so ernst. Und halten Sie es mit Adenauer, der sagte: „Machen Sie sich erstmal unbeliebt, dann werden Sie auch ernst genommen." Mit Humor wird Vieles im Leben erträglicher und buchstäblich leichter. Gesundheit beginnt im Kopf. Studien zeigen, dass unser Körper nach zwei Minuten Lachen und Hochziehen der Mundwinkel die Glückshormone Serotonin und Dopamin ausgeschüttet und sich unsere Stimmung aufhellt. Probieren Sie es aus!

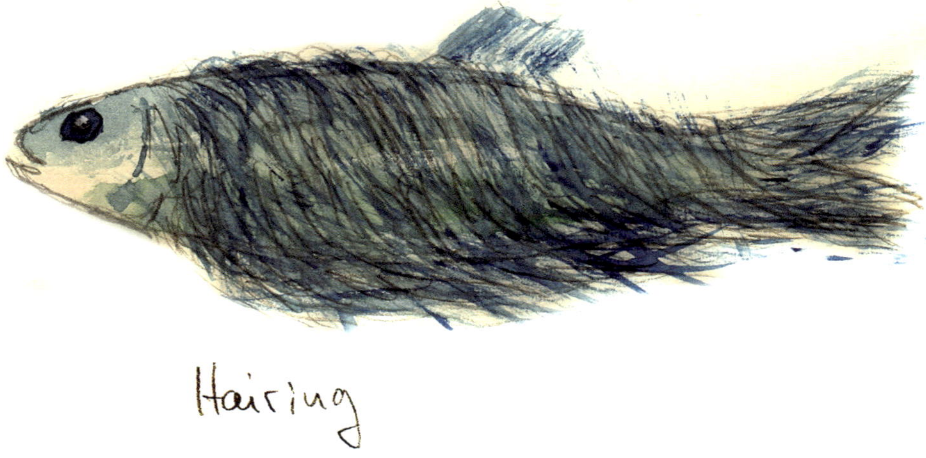

Praktische Winke

Das sollten Sie auf der Pfanne haben:

- Tragen Sie Ihr mentales Wohnzimmer bei sich. Es ist eine Art innerer, sicherer Wohlfühlort, an den Sie in Ihrer Fantasie jederzeit gehen können, wann immer Sie kurzfristig Ruhe, Entspannung oder Aufheiterung benötigen. Denken Sie an schöne oder witzige Dinge. Wer Angst vor einer Prüfung hat, kann sich die Prüfer z. B. nackt vorstellen. Oder erinnern Sie sich an frühere Erfolge!

- Nutzen Sie Ihre Vorstellungskraft als Heilmittel.

- Denken ist Probehandeln. Denken Sie positiv. Stellen Sie sich vor, Sie hätten magische Kräfte!

- Bleiben Sie mental vital, nehmen Sie Ihre Umwelt ganz bewusst wahr und zwar ganz banal: Nutzen Sie alle Sinne – sehen, hören, riechen, fühlen Sie, was gerade geschieht, dann sind Sie ganz bei sich, bei Bewusst-Sein.

- Sind Ihre Gedanken im Hier und Jetzt, sind die Sorgen fern.

- Lästern Sie ab! Sprache schafft Distanz. Lästern ist so etwas wie ein seelischer Kurzurlaub.

- Worüber Sie sprechen und lachen können, haben Sie schon zur Hälfte bewältigt.

- Staunen Sie! Manchmal denkt man, nur noch die Kinder können staunen; aber Staunen ist wichtig. Nehmen Sie in Ihrem Leben nichts für selbstverständlich, dann gibt es jeden Tag wieder viel zu staunen.

- Humor hilft heilen.

fideler Seemops
Spreewaldrolle
geschüttelter Buddelmops

Fideler Mops – gerollt

Rollmops

Zutaten

Für die Rollmöpse
6 Salzheringe (gewässert und filetiert)
6 Cornichons
1 Zwiebel

Für den Sud
¼ l Weißwein (trocken)
¼ l Essig
¼ l Wasser
1 TL Pfefferkörner
1 TL Senfkörner
1 TL Wacholderbeeren
½ TL Pimentkörner
2 Lorbeerblätter
1 TL Zucker (nach Belieben)

Zubereitung

Die Heringsfilets mit je einer Cornichon und einem fein geschnittenen Zwiebelstückchen belegen und aufrollen. Mit einem Zahnstocher feststecken. Die Rollmöpse in ein ausreichend großes Gefäß legen. Aus Wein, Essig, Wasser und Gewürzen einen Sud kochen. Abschmecken und, je nach Geschmack, Zucker hinzugeben. Nach dem Erkalten über die Rollmöpse gießen und das Gefäß verschlossen 2–3 Tage an einem kühlen Ort durchziehen lassen.

Fideler Mops – gerollt: Was i(s)t das denn?

> *Warum laufen Nasen*
> *und riechen Füße?*

Bewegung

In der Steinzeit haben wir gegessen, wenn etwas vorbeigekommen ist; heute essen wir, wenn wir irgendwo vorbeikommen. Unsere Vorfahren haben sich in der Steinzeit zwischen 10 bis 30 Kilometer pro Tag bewegt, bevor sie etwas zu essen hatten. Der durchschnittliche Bundesbürger bewegt sich heute nur noch 700 Meter am Tag. Dazu kommt oft ein ungesundes und nicht ausgewogenes Essverhalten. Die Folgen sind Übergewicht, Risikofaktoren und am Ende landet man im Teufelskreis der Schonung, und wer sich schont, erleidet früher oder später einen völligen Energieverlust – körperlich und mental. Wer sich nicht bewegt, nimmt zu; wer zunimmt, hat noch weniger Motivation, sich zu bewegen – das ist der Weg in den Teufelskreis.

Das Argument „Ich habe keine Zeit für Sport", zählt nicht mehr. Auch Sportmuffel können sich körperlich betätigen: Fahren Sie Fahrrad, gehen Sie zu Fuß, nehmen Sie die Treppe anstelle des Aufzugs. Optimal ist eine wöchentlich Kombination aus Ausdauer- und Krafttraining. Wenn das Herz-Kreislauf-System trainiert wird, legen Sie eine gute Grundlage für Ihre Gesundheit.

Wer sich nicht bewegt, bewegt nichts. Also fangen Sie am besten heute noch damit an.

Praktische Winke

Das sollten Sie auf der Pfanne haben:

- Bringen Sie mehr Bewegung in Ihr Alltags- und Berufsleben. Nehmen Sie die Treppe statt den Aufzug, tauschen Sie Ihr Auto gegen Ihr Fahrrad aus, schalten Sie den Fernseher mal wieder von Hand um anstelle mit der Fernbedienung.
- Bewegen Sie sich und ernähren Sie sich gesund; einige der besten Rezepte halten Sie gerade in der Hand.
- Bewegung beginnt im Kopf! Durchbrechen Sie den Teufelskreis der Schonung.
- Sport und Bewegung entspannen sehr schnell und sehr gut; machen Sie also Sport, egal welchen, er wird Ihnen gut tun.
- Bewegung verlängert Ihr Leben, beugt Krankheiten vor und kann Sie sogar heilen.
- Bewegung wirkt wie eine hoch dosierte Arznei, nutzen Sie diese.
- Radfahren und Schwimmen reichen aber nicht alleine aus, machen Sie regelmäßig auch etwas Krafttraining, auch Tanzen ist sehr gut.
- Sport und Bewegung wirken gegen Herzinfarkt, gegen Osteoporose und manchmal sogar gegen Krebs.
- Durch wöchentliche Bewegung und Sport können Sie mühelos 30 Jahre lang 40 Jahre jung bleiben.

Geißel der Menschheit
oder
Putzpatron?

Putzteufels Wild

Rehgulasch mit Preiselbeersahne

Zutaten

Für das Rehgulasch
1 kg Rehschulter oder -keule (in Würfeln)
2 Zwiebeln
1 Orange
100 g Speck (gewürfelt)
½ Glas Wildfond
200 ml Rotwein
100 ml Wasser
8 Wacholderbeeren
8 Pfefferkörner (schwarz)
4 Nelken
3 EL Mehl
Pfeffer, Salz, Öl,

Für die Preiselbeersahne
100 ml Sahne
2 EL Preiselbeeren (Glas)

Dazu
Klöße, Spätzle oder Salzkartoffeln, Kopf- oder Chicoree-Salat

Zubereitung

Am Vortag Wasser mit Wacholderbeeren, Pfefferkörnern und Nelken aufkochen und 10 Minuten kochen lassen. Erkalten lassen und mit Saft der Orange, Rotwein, Pfeffer und Salz mischen. Das Rehfleisch einlegen, abdecken und über Nacht im Kühlschrank durchziehen lassen.

Fleisch in einem Sieb gut abtropfen lassen und die Marinade auffangen. Speck mit wenig Öl in einer Pfanne auslassen, fein gewürfelte Zwiebeln hinzugeben und glasig dünsten. Herausnehmen und das Fleisch im Speckfett (ggf. noch Öl hinzugeben) von allen Seiten anbraten. Mit Fond und Marinade gut bedecken und ca. 1 ¼ Stunden zugedeckt garen.

Nach Ende der Garzeit Mehl mit Wasser glatt rühren und mit dem Schneebesen langsam in das Gulasch einrühren. Anschließend noch 10 Minuten köcheln, dabei häufig rühren. Mit Salz und Pfeffer abschmecken.

Sahne steif schlagen und Preiselbeeren unterrühren.
Das Rehgulasch mit Klößen oder Kartoffeln servieren und mit Preiselbeersahne anrichten.

Putzteufels Wild: Was i(s)st das denn?

» *Frauen räumt die Herde, macht Platz für die Männer.*

Haushalt

„Das bisschen Haushalt macht sich von allein, sagt mein Mann …",

so sang sich Johanna von Koczian 1977 in die Hitparade. Von wegen! Waschen, Bügeln, Putzen – die Hausarbeit hört niemals auf und wiederholt sich von Woche zu Woche. Meistens geht dann am Wochenende ein ganzer Tag mit Reinemachen drauf. Weltweit verrichten Frauen immer noch den Großteil der Hausarbeit – häufig zusätzlich zum Job, zur Familie, zum Ehemann und zu den Kindern. Die grundlegende Rollenverteilung in Deutschland ist heute noch immer so wie vor 50 Jahren: Hausarbeit bleibt vor allem Frauensache. Das Statistikportal Statista zeigt, dass Frauen durchschnittlich 164 Minuten am Tag putzen, kochen oder bügeln, Männer verbringen hingegen nur gut halb so viel Zeit mit diesen Tätigkeiten. Zusammen macht das über vier Stunden, die tagtäglich für „das bisschen Haushalt" draufgehen. Dafür ist Ihre Freizeit aber viel zu wertvoll. Die ungleiche Verteilung liegt aber nicht nur daran, dass die Frau zu Hause bleibt und der Mann im wilden Bürodschungel Geld jagen geht. Auch in Partnerschaften, bei denen beide Vollzeit arbeiten gehen, bleibt der größte Teil der Haushaltsarbeit an den Frauen hängen. Aber Studien zeigen auch, dass sich eine faire Aufteilung der Hausarbeit für beide lohnen kann: Paare sind umso glücklicher und zufriedener mit ihrer Beziehung, je gleicher die Aufgaben im Haushalt aufgeteilt sind.

Praktische Winke

Das sollten Sie auf der Pfanne haben:

- Machen Sie sich einen Wochenplan und setzen Sie sich z. B. an zwei Tagen in der Woche ein festes Zeitlimit (eine Stunde); in dieser Zeit konzentrieren Sie sich dann auf die wichtigsten Räume: Badezimmer, Küche, Wohnzimmer.

- Entrümpeln Sie regelmäßig Ihre Wohnung; je weniger Nippes und Deko rumsteht, desto weniger Staubfänger haben Sie und desto weniger müssen Sie putzen.

- Schuhe aus im Haus! Dann bleibt schon mal eine Menge Dreck vor der Haustür und Sie putzen quasi schon mit den Socken.

- Halten Sie Ordnung! Ordnung ist das halbe Leben – und Unordnung die andere Hälfte. Aber wenn alles seinen Platz hat, geht die Putzarbeit schneller.

- Auch Kinder können, natürlich ihrem Alter entsprechend, Aufgaben im Haushalt und damit Verantwortung übernehmen.

- Hausarbeit ist auch partnerschaftlich zu erledigen.

- Gönnen Sie sich, wenn finanziell möglich, die Unterstützung durch eine Hilfe im Haushalt.

Warum über den Tellerrand schauen?

Kaperbrief
für jeden
Tag

Kaper diem

Königsberger Klopse

Zutaten

Für die Klopse
1 Brötchen (vom Vortag)
oder 3 Scheiben Toast ohne Rinde
1 Zwiebel
600 g Hackfleisch (halb Rind-,
halb Schweinefleisch)
1 Ei
1 kleines (Abtropfgewicht 20 g) oder
½ großes (Abtropfgewicht 40 g)
Glas Kapern
1-2 TL Senf
Pfeffer/Salz
1 l Brühe (Fleisch- oder
Gemüsebrühe, Instant)

Für die Sauce
50 g Butter
50 g Mehl
500 ml Kochbrühe von den Klopsen
200 ml Sahne oder Kochcreme
1 kleines (Abtropfgew. 20 g)
oder ½ großes (Abtropfgew. 40 g)
Glas Kapern
1 Eigelb
Pfeffer/Salz

Dazu
Salzkartoffeln oder Kartoffelpüree
Rote Bete (aus dem Glas) oder
Kopfsalat

Zubereitung

Brötchen oder Toast in Wasser einweichen. Derweil die Zwiebel abziehen und klein würfeln. Kapern fein hacken. Brötchen oder Toast gut ausdrücken und mit Hackfleisch, Zwiebelwürfelchen, Kapern, Ei und Senf vermengen. Mit Salz und Pfeffer würzen.

Hände anfeuchten und aus der Hackfleischmasse 10–12 Klopse formen und in die kochende Brühe geben. Zugedeckt bei schwacher Hitze ziehen lassen (die Brühe muss sich leicht bewegen). Anschließend Klopse aus der Brühe heben und 500 ml der Kochbrühe abmessen.

Für die Sauce die Butter im Topf zerlassen. Das Mehl hinzugeben und unter Rühren hellgelb anschwitzen. Die Kochbrühe mit der Sahne mischen und langsam unter ständigem Rühren mit dem Schneebesen zu der Mehlschwitze geben. Die Klopse und die Kapern mit der Flüssigkeit in die Sauce geben. Mit

Salz, Pfeffer und evtl. etwas Zucker abschmecken und 5 Minuten köcheln lassen, dabei immer wieder umrühren.

Mit Kartoffelpüree oder Salzkartoffeln servieren. Dazu passen Rote Bete aus dem Glas oder Kopfsalat.

Kaper diem: Was i(s)st das denn?

» *Gewohnheit macht gewöhnlich*

Freizeit

Der Duden definiert Freizeit als eine Zeit, in der man nicht arbeiten muss, keine besonderen Verpflichtungen hat; in der man z. B. Hobbys nachgehen kann; es ist frei verfügbare Zeit – Zeit à la carte sozusagen. Doch Freizeit ist nicht nur arbeitsfreie Zeit oder Zeit ohne Verpflichtungen. Freizeit ist auch ein Synonym für Erholung. Und die kann aktiv oder passiv geschehen. In unserer Freizeit können wir uns der Familie, Freunden oder Hobbys widmen, wir können spielen, lesen, Sport treiben, einkaufen. Zur Freizeit gehört es auch, sich einfach mal zu langweilen. Schon Lao-Tse sagte: „Nichtstun ist besser, als mit viel Mühe nichts schaffen." Freizeit darf aber nicht zu Freizeitstress werden. Der schadet nämlich der Gesundheit. Zuviel ist einfach zuviel.

Wer die Fähigkeit hat, seinen Akku in der Freizeit wieder aufzuladen, ist bestens geschützt vor stressbedingten Erkrankungen und schafft hinterher doppelt so viel wie vorher. Erholung braucht Abwechslung: Dazu ist es gut, auch mal aus dem Gewohnten auszubrechen und etwas Neues auszuprobieren. „Wer rastet, der rostet", sagt ein altes Sprichwort, und da ist viel dran. Bewegen Sie sich, unternehmen Sie etwas in Ihrer Freizeit, entdecken Sie neue Städte, betrachten Sie das Gewohnte aus einer anderen Perspektive oder lassen Sie sich einfach mal treiben, ohne einen festen Tagesablauf. Bleiben Sie spontan. Freizeit ist dann besonders erholsam, wenn Sie für Kontrasterlebnisse sorgen und all das machen, was in Ihrem Arbeitsalltag zu kurz kommt. Wenn Sie Freizeit haben, dann nutzen Sie diese. Carpe diem!

Praktische Winke

Das sollten Sie auf der Pfanne haben:

- Schönen Urlaub! Erholen Sie sich gut!
- Laden Sie Ihre Seelenenergiebatterie regelmäßig auf.
- Sorgen Sie in Ihrer Freizeit für Kontrasterlebnisse.
- Planen Sie Erholung sorgfältig, inklusive Erfolgskontrolle.
- Spontaneität will gut überlegt sein.
- Tun Sie alles, was im Arbeitsalltag zu kurz kommt. Lesen Sie ein Buch, schlafen Sie aus oder vertrödeln einfach mal einen Tag.
- Genießen Sie den Tag!
- Spaß ja, Stress nein! Weniger ist mehr. Machen Sie lieber eine Sache richtig, die Ihnen Spaß und Freude bereitet, als mehrere nur halb(herzig). Sie können nur auf einer Hochzeit tanzen und nicht gleichzeitig an zwei verschiedenen Orten sein.
- Freizeit ist keine Erlaubnis, Freizeit ist ein Befehl!
- Halten Sie Wochenenden arbeitsfrei.
- Mehrere gut übers Jahr verteilte Urlaubstage sind sinnvoller als der große mehrwöchige Urlaub am Stück.
- Urlaub ist kein Statussymbol! Urlaub soll vor allem der Erholung dienen.
- Orientieren Sie sich nicht an allgemeinen Trends! Bleiben Sie individuell.
- Tun Sie das, was Ihren inneren Bedürfnissen entspricht.
- Unternehmen Sie in Ihrer Freizeit doch mal genau das Gegenteil von dem, was Sie in Ihrem Arbeitsalltag täglich tun müssen.

11:52
25%
Der nächste Termin, zu dem Sie hetzen, wird Ihnen präsentiert von:
Tempo linsen
10
Mehr Zeit dank VEB Nahrungsmittelwerke Suppina Auerbach

Tempo-Linsen

Schnelle Linsensuppe

Zutaten

200 g rote Linsen
2 Zwiebeln
30 g frischen Ingwer
2 Dosen Kokosmilch (400 ml Füllmenge)
2 Dosen stückige Tomaten (425 ml Füllmenge)
2 Becher Joghurt (natur, Vollfettstufe)
1-2 EL Zitronensaft
1-2 TL gekörnte Gemüsebrühe
Olivenöl, Pfeffer, Salz, Chiliflocken
300 ml Wasser

Zubereitung

Zwiebeln klein würfeln, Ingwer in 6 Scheiben schneiden und in einem Topf zusammen mit den Linsen in Olivenöl kurz dünsten. Wasser, Kokosmilch und Tomaten dazugeben, mit gekörnter Brühe, Pfeffer, Salz, Zitronensaft und gemahlenen Chiliflocken abschmecken, aufkochen und bei milder Hitze 10 Minuten köcheln lassen. Danach den Ingwer entfernen.

Den Joghurt mit Pfeffer und Salz würzen.

Zum Servieren die Tempolinsen mit dem Joghurt rasant garnieren.

Tempo-Linsen: Was i(s)st das denn?

» *Mahl Zeit für mich*

Zeitmangel

Ist das nicht paradox? Menschen werden immer älter und doch haben immer mehr Menschen immer häufiger das Gefühl, keine Zeit zu haben. Wir fühlen uns ständig gehetzt und packen dennoch immer mehr in unseren Terminkalender. Heutzutage Zeit zu haben und das auch noch öffentlich zuzugeben, führt oft zu Verwunderung oder Vorurteilen. Opa sagte immer: „Je älter man wird, desto schneller vergeht die Zeit." Aus wissenschaftlicher Sicht ist das natürlich großer Quatsch, denn wir haben als Erwachsene exakt so viel Zeit, wie wir als Kinder hatten. Allerdings verlieren wir im Laufe des Lebens sehr schnell das kindliche Gefühl der Zeitewigkeit. Als Kinder hatten wir ein Meer an Zeit, Zeit hörte niemals auf. Im Erwachsenenleben haben wir nun oft das Gefühl, nur noch zu arbeiten, deshalb ist es der Wunsch sehr vieler Menschen, einfach mal mehr Zeit für sich zu haben. Und weil es gut ist, das Angenehme mit dem Nützlichen zu verbinden, drängte sich der Titel für unser Buch quasi von selbst auf – Zeit haben und lecker essen: Mahl Zeit für mich! Jetzt ist der richtige Zeitpunkt dafür und nicht morgen. Was machen Kinder, wenn Sie eine Sandburg gebaut haben? Sie machen sie kaputt. Kinder spielen erlebnisorientiert. Wenn Erwachsen eine Sandburg bauen, verwalten sie diese, bauen einen Zaun herum oder bauen eine zweite Sandburg. Das ist ergebnisorientiert. So wie Kinder spielen, so können wir Erwachsenen leben, lieben und arbeiten. Wir können unser Leben, unsere Liebe und unsere Arbeit erleben und genießen, mit allem Glück und allen Schwierigkeiten, die dazu gehören, oder wir können unser Leben, Lieben, Arbeiten verwalten und abarbeiten.

Aber denken Sie bitte daran: Es gibt ein Leben vor dem Tod! Zeit gehört Ihnen! Jetzt! Glück ist die Zeit, in der man nicht an die Zeit denkt.

Praktische Winke

Das sollten Sie auf der Pfanne haben:

› Ein Menschenleben dauert im Durchschnitt 30.000 Tage. Nutzen Sie Ihr persönliches Vermögen; keine Zeit zu haben ist nur eine Illusion, Sie haben Zeit!

› Halten Sie die Zeit an und unterbrechen Sie Ihren täglichen Zeitrhythmus dadurch, dass Sie Gewohnheiten durchbrechen, Zeit ganz bewusst wahrnehmen und genießen; streichen Sie folgende zwei Sätze aus Ihrem Vokabular: „Ich habe keine Zeit“ und „Ich weiß nicht, wie ich das schaffen soll.“

› Lassen Sie die Zeit ab und zu mal stillstehen: Stillstand tut manchmal gut; Stillstand dient dazu, sich zu sammeln und Kraft zu tanken.

› Viele Auseinandersetzungen in Partnerschaft, Familie und Beruf sind eigentlich Auseinandersetzungen um Zeit; Zeit ist wichtiger als Geld.

› Sie müssen nicht immer schneller, flexibler und mobiler werden, denn dadurch sparen Sie keine Zeit, sondern verbrauchen noch mehr von dem wertvollen Gut.

› Holen Sie sich das kindliche Gefühl der Zeitewigkeit zurück: Schalten Sie das Telefon, den Fernseher, das Radio aus und legen Sie die Zeitung weg. Auch wenn es Ihnen noch so schwer fällt: Machen Sie doch einfach mal gar nichts!

› Wenn Sie doch etwas tun wollen, kochen Sie eines der Rezepte aus diesem Buch, zusammen mit Ihrem Partner, laden Sie Freunde ein, sprechen Sie über „Zeit“ und was Sie daraus machen können, z. B. Slow Food.

› Das Leben ist wie eine Treppe, die wir erst rauf- und dann wieder runtergehen. Das Heruntersteigen geht bekanntlich schneller und einfacher; deshalb bleiben Sie doch ab und zu auf den Stufen stehen und verweilen dort eine Zeit lang, dann wird das Leben wieder länger – und vielleicht auch bunter.

natural
born
chiller
Faulschicht
Hai "Pressure"

Chiller-Locken auf Hai à Bett

Calamari fritti mit Knoblauchdip

Zutaten

Für die Calamari
8 Tintenfische (Tuben)
1 Zitrone
4 Eigelb
500 ml Mineralwasser
250 ml Weißwein (trocken)
350 g Mehl
Salz
Öl zum Ausbacken

Für den Salat
1 Eisbergsalat
1 Zitrone
Olivenöl
Salz

Für den Dip
1 Ei
4 Knoblauchzehen
150 ml neutrales Pflanzenöl
50 ml Olivenöl
½ TL Senf
Pfeffer, Salz
1 TL Zitronensaft

Dazu
Baguette

Zubereitung

Eigelb, Mineralwasser, Weißwein, 300 g Mehl und eine Prise Salz mit dem Schneebesen zu einem glatten Teig rühren und 15 Minuten ausquellen lassen. Die Tuben in Ringe schneiden, mit Zitronensaft beträufeln und sparsam salzen. Das Ei mit dem Senf, Pfeffer und Salz verrühren. Die Knoblauchzehen abziehen und dazu pressen. Die Eimasse mit einem Stabmixer/Handrührgerät aufmixen und das Öl ganz langsam hinzugeben. Mit Zitronensaft abschmecken.

Den Eisbergsalat putzen, in Streifen schneiden, waschen und trocken schleudern. Mit dem Olivenöl vermengen, den Saft einer halben Zitrone hinzufügen und salzen.

Die Tintenfischringe im restlichen Mehl wenden, durch den Teig ziehen und im heißen Öl ausbacken, bis sie goldbraun sind.

Mit Baguette und Salat servieren, die restliche Zitrone in Spalten schneiden und nach Geschmack die Tintenfischringe damit beträufeln.

Chiller-Locken auf Hai à Bett: Was i(s)st das denn?

» *Vive la trance*

Entspannung

Sorgenvolle Gedanken, Ängste und Probleme nagen an uns und beanspruchen Zeit und Energie. Ausgelöst werden sie durch unterschiedliche Belastungen des Alltags, von der Schule bis zum Beruf. Multitasking verursacht Stress, ständige Erreichbarkeit, neue Kommunikationsmittel und eine Flut von beunruhigenden Nachrichten. Wir sind gestresst. Und wer öfter gestresst ist, ist anfälliger für körperliche und psychische Erkrankungen. Chronischer Stress macht krank! Schmerzen und Schlafstörungen sind die Folge und führen zu Angst und Wut. Daher ist es wichtig, rechtzeitig gegenzusteuern durch Entspannung. Früher haben Säbelzahntiger bei uns Stress ausgelöst. Heute kann es der eigene Ehepartner sein oder der Chef, der volle Terminkalender, Reizüberflutung, Mangel an vertrauensvoller Beziehung, pubertierende Kinder, der nervige Nachbar oder die Freizeit. Tatsächlich liegen die Hauptursachen für chronische Anspannung oft im Privatleben. Wir leben heute in einer Art Paradies und wirklich existenzielle Bedrohungen gibt es kaum: Angst, den Arbeitsplatz zu verlieren, steht weit oben, die Angst davor, den Partner zu verlieren, ganz unten. Stress ist oft Kopfsache. Verausgabung und Arbeiten ohne Entspannung ist wie Vollgas geben und gleichzeitig bremsen. Da geht irgendwas kaputt. In der Jugendsprache wird für Entspannung vor allem das Wort „chillen" verwendet: „Chill mal, Mama!" bedeutet dann so viel wie: beruhige dich, entspanne dich, rege dich ab (engl. to chill: abkühlen, relaxen). Chillen findet sich auch hier: in der Chillkrötensuppe und in Chilli con carne. Englische Chilldren lernen von unserem berühmten Friedrich Chiller: „Der Glückliche schlägt keine Hunde."

Praktische Winke

Das sollten Sie auf der Pfanne haben:

- Machen Sie sich eine Sorgenliste.
- Verwandeln Sie große Sorgen in kleine und kleine in keine.
- Fragen Sie sich, wovon sie eigentlich entspannen wollen!
- Hören Sie auf zu grübeln. „Auf die Dauer der Zeit nimmt die Seele die Farbe der Gedanken an" (Marc Aurel).
- Identifizieren Sie die wirklich wichtigen Probleme, für die Sie eine Lösung suchen.
- Erlauben Sie sich doch einfach auch mal nichts zu tun und auszuruhen.
- Nehmen Sie sich Zeit für Rituale, sie sind der Anker im turbulenten Alltag, sie geben uns Sicherheit und das Gefühl, alles im Griff zu haben, auch wenn wir uns ständig verändern. Behüten Sie Ihre kleinen Gewohnheiten wie einen wertvollen Schatz, der Ihnen helfen kann, Ruhe zu bewahren, auch in stressigen Zeiten: der Kaffee am Morgen, das Buchkapitel vorm Einschlafen, die Laufrunde am Wochenende, das Entspannungsbad nach der Arbeit oder ab und zu Ihr Lieblingsessen mit ganz viel Zeit für Sie selbst.
- Machen Sie regelmäßig Sport und das nicht nur im Urlaub. Wenn Sie sich regelmäßig im Alltag bewegen, ist Entspannung garantiert. Projizieren Sie nicht alle Entspannungswünsche auf die Ferien und das Wochenende, sorgen Sie lieber im Alltag für ein Gleichgewicht aus Verausgabung und Entspannung.
- Lernen Sie wieder Hilfe anzunehmen, Sie müssen nicht alles alleine bewältigen; wer Hilfe annehmen kann, vertraut anderen Menschen.
- Richten Sie sich eine Chill-Area ein: Achtung! Bitte nicht stören! Danke!

Normalgewicht*
Übergewicht*
Fettleibigkeit*
*nach Gräta Garbo

Dürrer Hering

Heringsstipp mit Äpfeln und Zwiebeln

Zutaten

Für den Sahnehering
6 Matjesfilets
2 Äpfel
2 Zwiebeln
300 ml Sahne
1 kl. Becher Joghurt
Pfeffer, Salz, Zucker

Dazu
Pell- oder Salzkartoffeln

Zubereitung

Die Äpfel schälen, entkernen, achteln und in dünne Scheiben schneiden. Die Zwiebeln putzen und in kleine Würfel schneiden. Beides mit der Sahne und dem Joghurt mischen und mit Pfeffer und Salz abschmecken. Die Matjesfilets in Stücke schneiden und in die Sauce einlegen. Mindestens zwei Stunden ziehen lassen und vor dem Servieren nochmals abschmecken.

Mit Pellkartoffeln anrichten.

Dürrer Hering: Was i(s)st das denn?

» *Essen und Trinken halten*
Leib und Seele zusammen

Ernährung

Essen soll vor allem eins sein: lecker! Essen ist mehr als nur Nahrungsaufnahme, um satt zu werden. Essen und Ernährung ist eine sinnliche Erfahrung: Wir nehmen etwas in uns auf, genießen es und ziehen daraus Kraft und Lebensenergie. Essen kann auch Seelennahrung sein. Eine Tüte Chips zum Beispiel oder eine Tafel Schokolade. Beide sind lange nicht so gesund wie ein frischer Salat, aber der Genuss gibt uns einfach ein gutes Gefühl und das ist mindestens genauso wichtig wie ausgewogene Vitamine oder Ballaststoffe. Es ist also völlig o.k., nicht immer nur Kalorien zu zählen und auf die molekulare Zusammensetzung der Nahrung zu achten. Essen soll ein Erlebnis sein, das Spaß macht, sich dabei unterhalten, mit Freunden „schön essen gehen" zum Lieblingsitaliener, zum Lieblingsspanier, zum Lieblingstürken oder zum Lieblingsdeutschen. Ernährung und Bewegung sollten aber auch heute noch in einem ausgewogenen Verhältnis stehen. Wer nur isst, ohne sich zu bewegen, wird dick und das kann auf Dauer zu einem Gesundheitsrisiko werden. Um eine gute Wohlfühl-Figur zu erhalten, ist es wichtig, die Bewegung nicht ganz aus den Augen zu verlieren. Im Grunde genommen können Sie alles genau so essen, wie Sie es mögen, nur von allem etwas weniger: etwas weniger Fett, etwas weniger Salz, etwas weniger Zucker und etwas mehr Bewegung. Das wär's schon. Manchmal fällt es schwer, seinen Appetit zu zügeln. Aber wenn Sie auf Dauer eine Figur wünschen, mit der Sie sich wohlfühlen wollen, hilft nur eine ganz bewusste Ernährungseinstellung: Achten Sie darauf, vor allem „gute" Kohlenhydrate, eiweißreiche Milchprodukte sowie Obst und Gemüse zu sich zu nehmen und auf fettreiche und zuckerhaltige Lebensmittel zu verzichten, dann werden Sie Ihr Wunschgewicht schon bald erreichen. Wenn Sie bewusst auf Ihre Ernährung achten, müssen Sie keine Mangeldiäten mehr machen und haben vor allem nicht das Gefühl, auf irgendetwas verzichten zu müssen. Und ab und zu dürfen Sie auch mal ganz unvernünftig sein, dann aber bitte mit Sahne!

Praktische Winke

Das sollten Sie auf der Pfanne haben:

- Ernährung ist die Basis für ein gesundes Leben – für Jung und Alt.

- „Du bist, was Du isst", heißt es im Volksmund und über Geschmack lässt sich bekanntlich streiten; Geschmäcker sind verschieden: Kinder mögen andere Speisen als Erwachsene. Ältere Menschen haben einen anderen Energiebedarf als junge Menschen, die körperlich arbeiten oder viel Sport treiben. Wer abnehmen möchte oder Diabetiker ist, muss andere Regeln beachten als ein Mensch, der Untergewicht hat. Und nicht jeder möchte vegetarisch oder vegan leben und künftig nur noch im Bioladen einkaufen. Informieren Sie sich zum Beispiel zum Stand der Ernährungswissenschaft bei der Deutschen Gesellschaft für Ernährung e. V. (www.dge.de).

- Chips, Pommes, Burger und Essen aus der Dose bitte nur ausnahmsweise.

- Kochen Sie selbst; Sie sind schon auf einem guten Weg, denn Sie halten das richtige Buch in der Hand.

- Übergewicht und Untergewicht sind nicht gut für die Gesundheit. Von daher ist es wichtig, das eigene Wohlfühlgewicht zu kontrollieren.

- Naschen ist erlaubt. Bewegung danach auch.

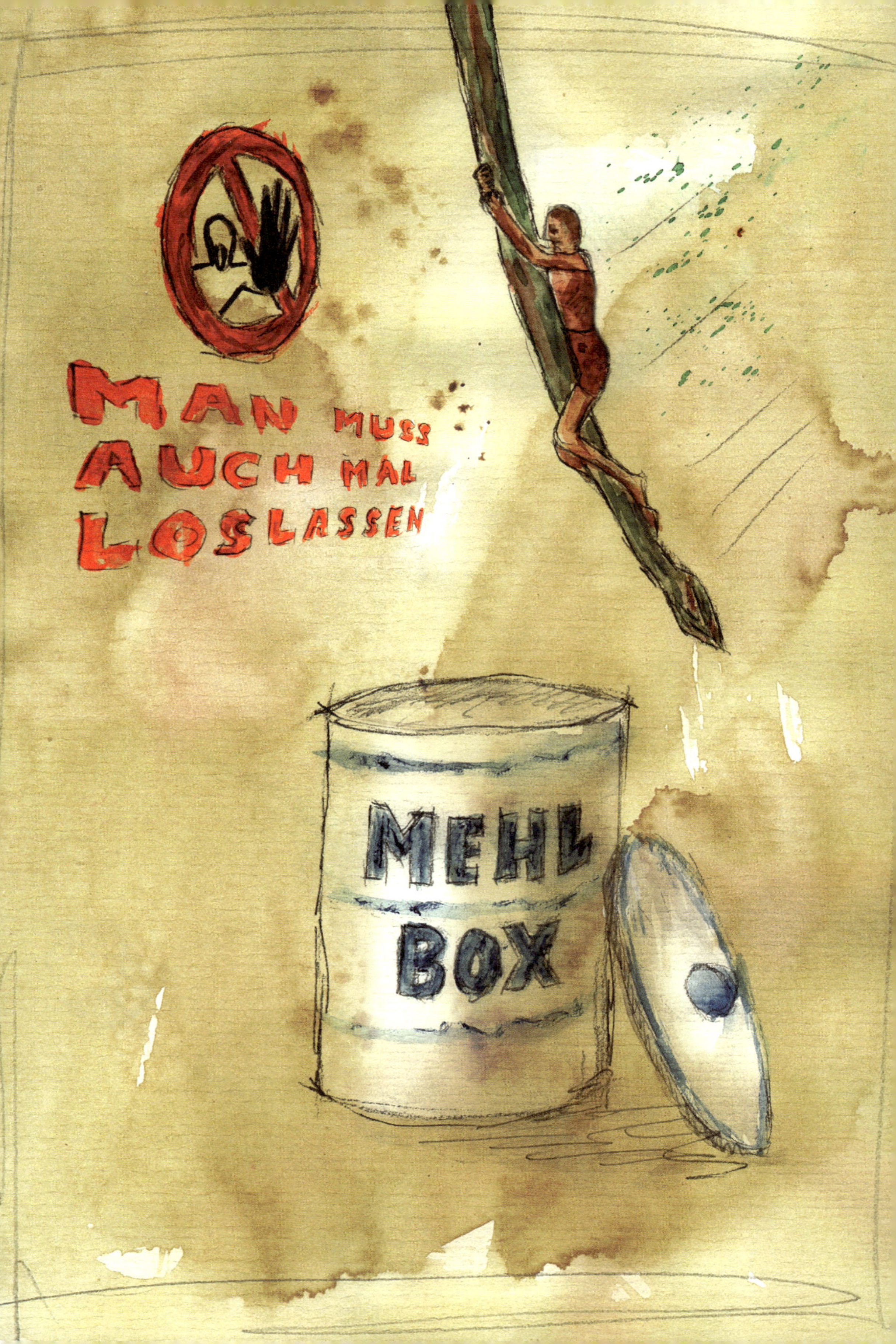
MAN MUSS
AUCH MAL
LOSLASSEN
MEHL
BOX

Spargeltarzan mit Becher Mehl-Sauce

Zweierlei Spargel mit Sauce Hollandaise

Zutaten

Für den Spargel
1 kg weißer Spargel
1 kg grüner Spargel
1 ½ TL Salz
1 ½ TL Zucker
2 TL Butter

Für die Hollandaise
200 g Butter
3 Eigelb
1 EL Wasser
2 EL Zitronensaft
Pfeffer, Salz

Dazu
Salzkartoffeln, zerlassene Butter
Schinken

Zubereitung

Den weißen Spargel unterhalb des Spargelkopfes, den grünen im unteren Drittel schälen und von beiden die Endstücke abschneiden.

In einem weiten Topf Wasser zum Kochen bringen, Salz, Zucker und Butter hinzufügen und die weißen Spargelstangen (bei mittlerer Dicke) 8 Minuten kochen. Dann die grünen Spargelstangen hinzugeben und zusammen weitere 8 Minuten kochen.

Nach Ende der Garzeit, die Spargelstangen sollen sich leicht biegen lassen, aber noch nicht weich sein, grünen und weißen Spargel aus dem Wasser heben und auf einer vorgewärmten Platte anrichten.

Für die Hollandaise ein Wasserbad vorbereiten. Die Butter derweil in einem kleinen Topf zerlassen und dabei den weißen Schaum abschöpfen.

Eigelb in eine Metallschüssel geben, mit 1 EL Wasser verrühren und auf den vorbereiteten Topf mit dem heißen Wasser setzen. Ganz langsam und unter ständigem Rühren mit dem Schneebesen oder Handrührgerät die Butter hinzugeben.

Wenn die Masse dick und schaumig ist, mit Salz, Pfeffer und dem Zitronensaft abschmecken.

Sauce Hollandaise mit dem Spargel servieren. Dazu passen Salzkartoffeln, Schinken und ggf. zerlassene Butter.

Spargeltarzan mit Becher Mehl-Sauce: Was i(s)st das denn?

» *Im Grunde genommen stecken wir doch alle nackt in unseren Klamotten.*

Körper

Der Körper ist unser Leib. Und damit alleine schon ein Wunder. Körper ist die äußere Erscheinung, die uns als Menschen ausmacht, mit allem, was wir sehen und fühlen können. Damit ist unser Körper wichtigster Teil unserer Identität; über unseren Körper identifizieren und definieren wir uns und drücken uns darüber aus; nicht nur bei der Körpersprache reden wir mit Händen und Füßen. Unser Körper ist gelebte Zeit und manchmal auch verlebte Zeit. In jedem Fall spiegelt unser Körper uns wider, wie wir leben, wie wir uns bewegen und pflegen, wie wir uns ernähren und ausruhen. Der Körper ist auch das kleinste kontrollierbare Handlungsfeld eines Menschen. Wenn wir nichts mehr unter Kontrolle haben, beruflich oder privat, kann unser Körper wichtigster Rückzugsort und Ruhepunkt sein. Viele Menschen haben den Wunsch, einzigartig zu sein, obwohl sie es ja schon sind. So wollen sie diese Einzigartigkeit noch stärker zum Ausdruck bringen: durch Körperschmuck, Tattoos, Piercings; oder durch die Art und Weise, wie sie sich kleiden; die Kleidung kann vieles unterstreichen, aber auch vieles verbergen. Kleider machen nicht nur Leute; Kleider können Leute auch verbergen. Oft sind es Ängste, die sie dazu treiben, zum Beispiel die Angst, in Würde zu altern. Dann wird hier und da schon mal mit etwas Botox oder einer Schönheits-OP nachgeholfen. Egal, was Sie mit Ihrem Körper machen: Achten Sie auf seine Signale und folgen Sie nicht dem Irrtum des Philosophen René Descartes (1596 bis 1650), der sagte: „Cogito ergo sum" (Ich denke, also bin ich). Es ist ein Irrtum anzunehmen, Körper und Denken seien voneinander getrennt. Körper und Geist beeinflussen sich permanent gegenseitig – ich fühle, also bin ich!

Praktische Winke

Das sollten Sie auf der Pfanne haben:

- Nehmen Sie lieber Broccoli statt Botox und trinken Sie täglich eineinhalb bis drei Liter Wasser. Das fördert Ihre geistige und körperliche Leistungsfähigkeit.
- Achten Sie auf Ihr Bauchgefühl: Ihr Körper ist intelligenter als Sie denken. Was Ihr Körper einmal mit brennendem Interesse gelernt hat, das vergisst er nicht wieder. Oder setzen sie sich mit nacktem Hinterteil mehrfach in Brennnesseln?
- Bringen Sie Ihre Verdauung auf Trab, zum Beispiel mit Sauerkraut, das regt die Darmtätigkeit an, denn es enthält Vitamin C und Vitamin B12 und die sind für den Aufbau einer gesunden Darmflora verantwortlich.
- Denken Sie schnell und handeln Sie spontan, holen Sie sich mal wieder einen schönen Blumenstrauß ins Haus und probieren doch mal Yoga, schließen Sie Frieden, mit sich und anderen, vergeben und verzeihen Sie, das hält Körper und Seele gesund.
- Bewegung, Ernährung und Entspannung sind gut für Ihren Körper, vor allem Bewegung produziert das Glückshormon Serotonin; Licht, frische Luft und ein paar Schritte im Grünen sind dabei gute Helfer.
- Wenn Ihnen alles zum Halse heraushängt, verändern Sie doch mal was, fahren Sie Fahrrad statt Auto oder gehen Sie zu Fuß.

zerstörtes
Paarradieschen

Das zerstörte Paarradieschen?

Kalte Radieschensuppe mit Pesto

Zutaten

Ein Bund Radieschen
400 ml Joghurt (3,5% Fett)
100 g Frischkäse (Doppelrahmstufe)
1 Bio-Zitrone
½ Bund Petersilie
½ Beet Gartenkresse
150 ml Olivenöl
Salz/Pfeffer

Zubereitung

Für das Pesto die Radieschenblätter waschen und verlesen.

Die frischen grünen Blätter mitsamt Stängeln mit der Petersilie und der Kresse pürieren, das Olivenöl, den Saft einer halben Zitrone und die abgeriebene Zitronenschale langsam hinzufügen und untermixen.

Mit Salz und Pfeffer abschmecken.

Radieschen waschen und putzen. Zwei Radieschen als Deko grob hacken und zur Seite legen, den Rest fein pürieren.

Joghurt, Frischkäse, den Saft der zweiten Zitronenhälfte und die abgeriebene Zitronenschale hinzugeben, gut vermischen und mit Salz und Pfeffer abschmecken.

Das Süppchen mit den grob gehackten Radieschen und dem Pesto appetitlich anrichten und sofort servieren.

Das zerstörte Paarradieschen?: Was i(s)st das denn?

» *Die Ehe ist eine lange Mahlzeit, die mit dem Nachtisch beginnt.*

Glückliche Beziehung

Die allermeisten Paare haben den Wunsch nach einer glücklichen Beziehung. In Deutschland sind jedoch nur etwa 30 Prozent aller Paare glücklich. Nach der anfänglichen Zeit des Verliebtseins und der Euphorie weicht das Glück dann oft der alltäglichen Routine. Statt um Sex und Romantik geht es dann darum, wer den Müll runterbringt, wer einkaufen geht oder wer sich um die Kinder und die Eltern kümmert. Zeitmangel und Missverständnisse führen dabei häufig zu Krach und Krisen – so ist es kein Wunder, dass in Deutschland mittlerweile jede dritte Ehe geschieden wird. Und wenn das erträumte Paradies von der glücklichen Beziehung dann erstmal zerstört ist, werden die langen Gespräche oder das herzliche Lachen des/der Liebsten nicht selten schmerzlich vermisst.

Glückliche Beziehungen hängen von allen möglichen Faktoren ab: Sex steht am Anfang einer lustvollen Beziehung. Je länger die Liebe dauert, umso mehr verändert sich auch der Sex und bekommt eine andere Bedeutung. Anfangs stiftet die körperliche Vereinigung Nähe und Zusammengehörigkeit zwischen zwei Menschen. Im Lauf der Zeit kommen neue Bindungsfaktoren dazu, etwa gemeinsamer Besitz, Freundeskreise oder Kinder. Sex ist dann gewöhnlich nicht mehr so elementar für den Zusammenhalt.

Besonders wichtig in einer glücklichen und langen Beziehung sind jedoch: Gewissenhaftigkeit, Offenheit für Neues und Verträglichkeit. Wer sich einen gemeinsamen Haushalt teilt, hat auf Dauer gute Aussicht auf eine stabilere und glücklichere Partnerschaft als in einer „offenen Teilzeitehe", bei der jeder seine eigenen vier Wände bewohnt. Das gemeinsame Glück ist dann am haltbarsten, wenn sich jeder Partner Freiräume bewahren kann – und wenn man großes Ur-Vertrauen in den Partner hat. Die stärkste Kraft einer glücklichen Beziehung ist und bleibt aber die Liebe!

Praktische Winke

Das sollten Sie auf der Pfanne haben:

- Zeit und Reden sind die Schlüssel für eine glückliche Beziehung.
- Nehmen Sie sich Zeit für Zweisamkeit, aber auch Zeit für Einsamkeit.
- Teilen Sie Ihr Glück, dann verdoppelt es sich.
- Teilen Sie Ihrem Partner Wünsche, Erwartungen und Hoffnungen mit.
- Treffen Sie mit Ihrem Partner Vereinbarungen. Vermeiden Sie Missverständnisse.
- Beziehung braucht Zeitinseln. Auch wenn aus einer Partnerschaft Familie wird. Zeitinseln zum Schmusen mit Kindern, aber auch mit dem Partner, bringen Leichtigkeit in den Alltag zurück.
- Lassen Sie sich durch Großeltern, Babysitter oder Kindermädchen unterstützen.
- Bleiben Sie miteinander im Gespräch. Auch in schwierigen Zeiten!
- Klären Sie Konflikte nach Möglichkeit sehr zeitnah.
- Fragen Sie Ihren Partner nach Ängsten, Träumen, Hoffnungen, Befürchtungen.
- Unterstützen Sie sich gegenseitig bei der Lebens- und Berufsplanung.
- Die Qualität der Beziehung zueinander ist entscheidend.
- Gehen Sie respektvoll und wertschätzend miteinander um.
- Geben Sie sich gegenseitig Freiräume. Erkennen Sie diese an.
- Es heißt, dass Frauen die Männer aussuchen. Also Männer, aufgepasst!

Ele Gans meint:
Ein Hauch von Wagemut!

Gans N' Roses

Gänsebraten bei Niedrigtemperatur

Zutaten

Für die Gans
1 küchenfertige Gans
(ca. 4 kg, frisch oder TK)
3 säuerliche Äpfel
1 Zwiebel
100 g Rosinen
Thymian
Pfeffer, Salz
Zahnstocher

Für die Sauce
1 Glas Gänsefond
3 EL Mehl

Dazu
Rosenkohl
Kartoffelklöße

Zubereitung

Die Gans unter fließendem Wasser waschen und mit Küchenpapier abtrocknen. Innen und außen kräftig mit Pfeffer und Salz einreiben, innen zusätzlich mit Thymian. Die Äpfel entkernen und in Stücke schneiden. Die Gans mit Äpfeln, Rosinen und Zwiebelvierteln füllen und die Halsöffnung mit Zahnstochern verschließen.

Den Backofen auf 220 Grad vorheizen. Die Gans mit der Brustseite nach unten in einen Bräter legen, die Haut unterhalb der Keulen anstechen und die Gans 1 cm hoch mit kochendem Wasser angießen. Für 1 Stunde braten. Dann wenden, so dass die Brust nach oben zeigt und den Backofen auf 90 Grad herunterstellen. Weitere 8 Stunden garen. Falls erforderlich etwas Wasser angießen. Nach Ende der Garzeit die Gans aus dem Bräter heben und tranchieren. Die Bratflüssigkeit in einen Topf geben, mit Fond auffüllen, aufkochen. Das Mehl mit Wasser verrühren und mit dem Schneebesen in die Sauce rühren. 10 Minuten köcheln lassen, dabei mehrmals umrühren.

Gans mit Rosenkohl und Kartoffelklößen servieren. Die Füllung kann separat dazu gereicht werden.

Nachtischvorschlag: Spritzgebäck und Pflaumenkuchen

Gans and Roses: Was i(s)t das denn?

> *Wer nicht verkehrt,*
> *lebt verkehrt.*

Sex

Sex ist eine der schönsten Nebensachen der Welt! Sex ist nicht alles, aber vieles ist nichts ohne Sex. Beziehung zum Beispiel. Eine gute Beziehung braucht guten Sex und guter Sex braucht eine gute Beziehung. Zumindest meistens.

Stress, Zeitdruck und Hektik sind nur einige der Lustkiller. Sex hat viele Funktionen: Fortpflanzung, Beziehung, Lust, Kommunikation, Befriedigung, Ersatzbefriedigung, Selbstbefriedigung, Bestätigung, Kompensation, Entspannung. Wir Menschen sind nicht nur Sozialwesen, sondern in erster Linie auch Sexualwesen. Wenn nix mehr läuft, läuft Fernsehen. Ist Ihre Beziehung zu einer reinen Wohngemeinschaft geworden, in der Erotik und Sex kein Zimmer mehr haben? Ein Problem in vielen Beziehungen ist, wenn beide immer zu unterschiedlichen Zeiten ins Bett gehen. Je zufriedener Partner mit der erlebten Sexualität sind, desto glücksfördernder wirkt sich das auf ihre Partnerschaft aus. Weil jeder Mensch anders ist, ist es wichtig, dem Partner die eigenen Wünsche, Bedürfnisse, Vorlieben und intimen Fantasien mitzuteilen. Nur so kann man herausfinden, was für beide auf Dauer befriedigend ist. Auch langjährige Partnerschaften können die sexuelle Spannung und Neugierde aufeinander erhalten und zu gemeinsamem Wachstum und Veränderung führen, wenn man sich gegenseitig öffnet, miteinander neue Erfahrungen macht, Grenzen erweitert und neue Vereinbarungen trifft. Während in „frischen" Beziehungen häufig die Lust aufeinander zuerst da ist und es daraufhin zum Sex kommt, ist es in länger andauernden Beziehungen eher umgekehrt: Der Appetit kommt beim Essen, die Lust kommt beim Tun und ist daher mehr eine Frage der Entscheidung und der aktiven Gestaltung. Damit Sex und Erotik stattfindet, wird es im Laufe der Zeit immer wichtiger, aktiv den Raum und die Zeit dafür zu schaffen. Lust und Leidenschaft sind wichtiger als Leistung. Genießen Sie den Sex, so wie Sie ihn gerne haben, ohne sich zu vergleichen.

Praktische Winke

Das sollten Sie auf der Pfanne haben:

- Lust und Liebe kann man planen.
- Gehen Sie abends mit Ihrem Partner zur gleichen Zeit ins Bett, dann kann die Lust neu entflammen.
- Der Testosteronspiegel ist bei Männern morgens am höchsten; nehmen Sie sich auch mal am Morgen Zeit, gemeinsam aufzuwachen; lassen Sie eine unbefangene Stimmung entstehen, in der man ungeschminkt und ohne Abwehrgeschütze im Bett liegt; aus so einer ungezwungenen Situation heraus passiert viel häufiger etwas, als wenn Sie nur dann Sex haben wollen, wenn Sie Lust dazu haben.
- „Liebe ist die Antwort, aber während man auf sie wartet, stellt der Sex ein paar ganz gute Fragen" (Woody Allen).

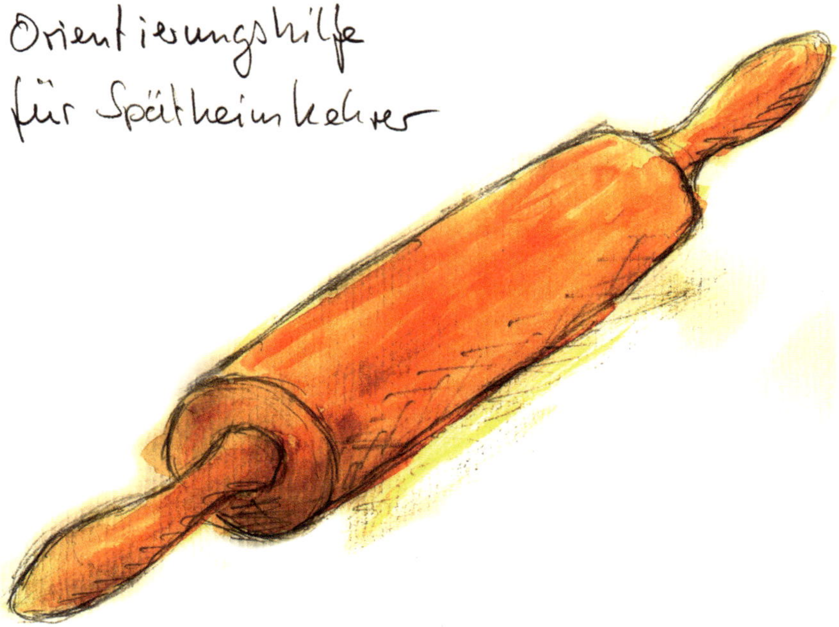

PITZA
PIESA
PITZA
PIESA
org. italienisch
Inhaber: Lorenzo Müller
1x For Maggi 5,30
1x Pio Schuto 5,50
1x Una Stadjone 5,60
1x mager Ritter 5,10
Ca. 20,00

Love and Pisa

Familienpizza

Zutaten

Für den Pizzateig
500 g Mehl (Typ 00 oder 550)
250 ml lauwarmes Wasser
¼ Würfel Hefe (10 Gramm)
5 EL Olivenöl (Extra virgine)
1 TL Salz
1 TL Zucker

Für die Tomatensauce
1 kl. Dose stückige Tomaten
1 Zwiebel
2 Knoblauchzehen
3 EL Olivenöl (extra virgine)
1 TL getrockneten Oregano
Pfeffer, Salz, Zucker

Zum Belegen
Büffelmozzarella (in dünnen Scheiben, gezupft oder geraspelt)

Zubereitung

Hefe mit der Gabel zerdrücken. Mit dem lauwarmen Wasser, dem Olivenöl und dem Zucker vermischen und kurz stehen lassen. Inzwischen das Mehl mit dem Salz vermischen und in eine Schüssel sieben. Nun langsam das Hefe-Wasser-Öl-Gemisch dazugeben und unter ständigem Kneten zu einem glatten Teig verarbeiten. Diesen ausgiebig weiterkneten (mindestens 5 Minuten).

Den Teig zu einer Kugel formen, rundherum mit Mehl einstäuben und in einer Schüssel (um Zugluft zu vermeiden) abgedeckt an einem warmen Ort für ca. 1 Stunde gehen lassen.

Vor dem Ausrollen erneut kneten, um die Luftbläschen aus dem Teig zu entfernen.

Für die Sauce die Zwiebel und den Knoblauch fein hacken und in dem Olivenöl glasig dünsten. Die gehackten Tomaten dazugeben und mit Pfeffer, Salz, Zucker und Oregano abschmecken. Ewa 30 Minuten offen köcheln lassen, bis die Sauce eingedickt ist. Evtl. pürieren.

Teig auf einem Blech ausrollen, mit Tomatensauce bestreichen und mit dem Mozzarella und nach Belieben mit weiteren Zutaten wie Champignons, Paprika, Schinken o. ä. belegen.

Love and Pisa: Was i(s)st das denn?

» *Kind, das; -[e]s, -er: kleiner Mensch, der seine Eltern wahnsinnig macht, vor allem vor Glück.*

Familie und Kinder

Kinder sind das größte Glück auf Erden! Diese Botschaft möchten wir Ihnen gerne zurufen! Die Geburt des eigenen Kindes ist mit Sicherheit eine der wundervollsten und glücklichsten Erfahrungen, die wir im Leben machen können. Es ist, als würde die Welt für einen kurzen, magischen Augenblick anhalten, um dieses Wunder geschehen zu lassen. Gleichzeitig ist die Geburt aber auch Beginn einer nicht wieder abreißenden Veränderung für alle Beteiligten. Das Glück bekommt durch die Geburt eines Kindes eine ganz neue, ganz eigene Dimension. Es liegt uns am Herzen, durch unser persönliches Glücks- und Liebesbekenntnis zu unseren Töchtern Liliana und Zoe, Ihnen Lust auf Familie und Kinder zu machen. Unsere Kinder sind unsere „hormones du plaisir" (Glückshormone). Über Familien und Kinder ist mindestens so viel geschrieben worden wie über das Kochen und Essen. Wer sich für Kinder entscheidet, egal in welcher Rolle oder Lebensform, hat irgendwann nur noch Kinder im Kopf. Es wäre so schön, wenn sich wieder mehr junge Menschen für Familie und Kinder entscheiden würden. Kinder- und Familienfreundlichkeit sollten zu einem Markenzeichen des Erfolges werden. Und wenn jemand auch noch so ein schickes Auto fährt, es wird niemals an einem Sonntagmorgen um 07:00 Uhr an seinem Bett stehen und sagen: „Ich habe dich lieb, Mama!"

Praktische Winke

Das sollten Sie auf der Pfanne haben:

- „Drei Dinge sind uns aus dem Paradies geblieben: die Sterne der Nacht, die Blumen des Tages und die Augen der Kinder."
  (Dante Alighieri (1265–1321), ital. Dichter)

- „Wer keinen Mut zum Träumen hat, hat keine Kraft zum Kämpfen."
  (Che Guevara (1928-1967), kub. Guerillaführer und Autor)

- Erziehung bedeutet gute Beziehung, Bindung, Beispiel und bedingungslose Liebe, sonst nichts.

- Eine gute Bindung zu einem Kind erkennt man daran, ob man gerne an dem Kind riecht; einen Menschen „gut riechen können" ist ein sicheres Zeichen für eine starke Bindung und Liebe.

- Die langfristige Entwicklung der Kinder hängt entscheidend mit ab von der Qualität der Beziehung der beiden Elternteile zueinander.

- Kein Kind ist wie das andere und allgemein verbindliche Gebrauchsanweisungen für Familien und Kinder gibt es nicht.

- Kinder haben ein Recht auf eine gewaltfreie Erziehung, immer und überall!

- Familie und Beruf lassen sich nicht vereinbaren, aber gut organisieren; auch wenn es manchmal wirklich schwierig ist, alles unter einen Hut zu bringen. Aber trotzdem oder gerade deswegen: Freuen Sie sich auf ein Leben mit Kindern, sie können die Tür aufstoßen zum Paradies und einer bessern Welt und uns den Mut geben, für das Gute zu kämpfen.

- Nehmen Sie sich Zeit für Kinder. Wenn Sie eigene Kinder haben, so beschäftigen Sie sich mit ihnen einmal wieder ganz bewusst. Genießen Sie Zeit mit Patenkindern, solchen im eigentlichen Sinne und solchen, die sie dazu gewählt haben und angenommen haben.

echte Fründe ston zesamme

Hummer Hummer Tätärä

Hummer pur

Zutaten

Für den Hummer
1 TK-Hummer oder ausgelöstes, vorgekochtes Hummerfleisch oder 1 lebender Hummer
1 TL Salz
2 l sprudelnd kochendes Wasser

Für die Sauce
3-4 EL kalte Butter
70 ml Sherry (trocken)
70 ml Sahne

Dazu
Baguette

Zubereitung

Den gefrorenen Hummer oder das Hummerfleisch nach Packungsanweisung zubereiten.

Bei lebendem Hummer diesen mit dem Kopf voran in das sprudelnd (!!!) und auf höchster Herdstufe kochende, gesalzene Wasser eines ausreichend großen Topfes geben. Nach drei Minuten die Hitze reduzieren und weitere drei Minuten kochen lassen. Dann den Topf abdecken, vom Herd nehmen und 10 Minuten ziehen lassen.

Den Hummer aus dem Wasser heben und das Fleisch des Schwanzstücks, der Scheren und der Glieder aus der Kruste lösen/herausholen. Das Hummerfleisch in Scheiben schneiden und in 1 EL Butter kurz anbraten. Mit dem Sherry ablöschen und aus der Pfanne nehmen. Sahne in den Fond geben und etwa 5 Minuten einkochen lassen. Mit 2 EL kalter Butter in kleinen Flöckchen mit dem Schneebesen aufschlagen.

Hummerfleisch auf vorgewärmten Tellern mit der Sauce anrichten und sofort servieren. Frisches Baguette dazu reichen.

Hummer Hummer Tätärä: Was i(s)st das denn?

> *Kochen macht Freude,*
> *Arbeiten macht Freunde*

Freunde

Sandkasten, Kindergarten und Klassenzimmer werden überschätzt, wenn es darum geht, beste Freunde zu finden und zu behalten. Die besten Freunde und auch die große Liebe treffen wir häufig am Arbeitsplatz. Der Schulfreund wurde zufällig nach Alter und Wohnort in unsere Klasse gesteckt. Mit Kollegen aber teilen wir oft lange Ausbildungswege und Interessen und manchmal auch die Leidenschaft für das, was wir tun. Dann können aus Kollegen Herzensmenschen werden. Und wir sprechen hier von richtigen Freunden, die auch ohne Strom funktionieren und die man wirklich treffen kann. Anders als viele Facebook-Freunde und virtuellen Beziehungen. Bei allen Diskussionen über elektronische Freunde vergessen viele, wie nah das Freundes-Glück eigentlich liegt, oder besser sitzt, vielleicht sogar am Schreibtisch nebenan. Die Beziehung zu Kollegen prägt unser Leben, fast schon wie unsere Ursprungsfamilie. In einer Nachwuchsstudie des Gesamtverbandes Kommunikationsagenturen gaben 95 Prozent der Befragten an, dass ihnen ein „freundschaftliches Arbeitsklima" wichtig oder sehr wichtig sei bei der Wahl eines zukünftigen Arbeitsgebers. Weder Arbeitsplatzsicherheit noch Bezahlung erreichten einen so hohen Wert. Mehr regelmäßige Begegnungen und gemeinschaftliches Lösen von Problemen als im Job gibt es kaum; das ist eine gute Grundlage für Beziehungsarbeit. Eine internationale Studie des Gallup-Instituts ergab, dass bei fünf Millionen Beschäftigten jeder Dritte einen „besten Freund" oder eine „beste Freundin" im Büro hat. Der Arbeitsplatz ist also ein guter Platz für Freundschaften und vielleicht auch für „Büromance". Dann kann schnell aus dem perfekten Büropaar auch ein perfektes Liebespaar werden.

Praktische Winke

Das sollten Sie auf der Pfanne haben:

- Freunde- und Partnersuche am Arbeitsplatz sind okay, aber beachten Sie bestimmte Regeln; ein absolutes „No Go" und Tabu sind Beziehungen zwischen Auszubildenden und Ausbildern; hier muss unter allen Umständen Neutralität und Sachlichkeit bewahrt werden.
- Wenn Sie im Betrieb eine Affäre oder Beziehung eingehen, die nicht auf Augenhöhe ist, ist die Geschäftsführung selten begeistert, es sei denn, Ihr Chef selbst ist Ihr neuer Liebster. Wenn ein Verhältnis zwischen Arbeitnehmern und Vorgesetzten entsteht, achten Sie darauf, nicht das Betriebsklima zu stören oder nur noch als Paar oder als indiskret wahrgenommen zu werden.
- Wird aus dem Flirt mit dem netten Kollegen mehr, achten Sie auf Diskretion.
- „Büromance" macht Sie angreifbar; haben Sie immer einen Plan B im Hinterkopf (z. B. Wechsel der Abteilung oder sogar der Stelle und Firma).
- Das Büro macht für viele heute einen Großteil der sozialen Kontakte aus; nutzen Sie das für sich.
- Bürofreunde verstehen einfach alles und manchmal sogar besser als der eigene Partner; Kollegen können daher oft gute und objektive Ratschläge geben; daher ist das gemeinsame Getränk nach der Arbeit oft so wichtig, wenn man in der gleichen Abteilung arbeitet.
- Der Arbeitsplatz gilt heutzutage als Partnerbörse Nummer eins!
- Sie dürfen heute sogar mit dem eigenen Chef befreundet sein.

Portionsgröße*
empfehlen Mütter ihren erwachsenen Kindern
Leistungssportler
Schwerarbeiter
normal
*nach Lizzy Becker

Mutter Mahl

Pfannkuchen mit Topping

Zutaten

Für die Pfannkuchen
100 g Mehl
120 ml Milch
2 Eier
1 EL Zucker
1 Prise Salz
4 TL Margarine

Für das Topping
2 Bananen
4 TL Honig
4 EL Nuss Nougat Creme
1 EL Butter

Zubereitung

Aus Mehl, Zucker, einer Prise Salz, Eiern und Milch einen glatten Teig rühren. 15 Minuten ausquellen lassen.

In einer beschichteten Pfanne 1 TL Margarine flüssig werden lassen und ¼ des Teiges hinzugeben. Von jeder Seite 2 Minuten braten, bis der Pfannkuchen goldgelb ist. Herausnehmen und warm stellen. Auf diese Weise vier Pfannkuchen herstellen.

Die Nuss Nougat Creme in der Mikrowelle oder in einem kleinen Topf erwärmen, bis sie flüssig wird. Die Bananen schälen, in 1 cm dicke Scheiben schneiden und in einer Pfanne in 1 EL Butter von jeder Seite 1 Minute anbraten. Mit Honig überziehen.

Die Bananenscheiben auf den Pfannkuchen anrichten und mit der flüssigen Nuss Nougat Creme beträufeln.

Mutter Mahl: Was i(s)st das denn?

» *Wie aus dem Gesicht geschnitten*

Verbundenheit

Mutter und Kind. Neun Monate, die uns alle verbinden. Eine Schwangerschaft ist so ein wundervoller und faszinierender Prozess, der biologisch noch immer nicht bis ins Letzte verstanden ist. Es ist aber ohne Zweifel, dass die Zeit im Mutterleib unser künftiges Leben prägt, sowohl für die Mutter wie auch für das Kind. Nach sieben Wochen wiegt der Embryo immer noch weniger als eine Kopfschmerztablette. Stress, Angst und Panik der Mutter wirken sich auch auf das ungeborene Leben aus. Glück und Zufriedenheit ebenso. Durch die Geburt wird die Bindung noch stärker. Jedes Mal, wenn Mutter und Kind sich zärtlich berühren, rauscht eine Welle von Oxitocin durch ihre Adern. Dieses „Bindungshormon" bewirkt, dass sich beide von Mal zu Mal stärker zueinander hingezogen fühlen.

Frauen lieben ihren Nachwuchs – Mutterliebe! Nicht nur am Muttertag. Mütter prägen uns ein Leben lang. Als Mutter muss man nicht perfekt sein. Kinder sollen erleben, dass man über Fehler lacht. Mit dreieinhalb Jahren wissen alle Kinder, ob sie Junge oder Mädchen sind. Die Rolle der Mutter und Frau hat sich heute fundamental verändert. Mütter und Kinder sind heute oft in regelrechten Stressgemeinschaften zusammengeschmiedet. Frauen, die Kinder und Karriere jonglieren, gelten schon lange nicht mehr als „Rabenmütter". Was ist eine „gute Mutter"? Es gibt kein Patentrezept. Wichtiger als Erziehung ist Beziehung. Wenn Sie eine gute Beziehung und Bindung zu Ihren Kindern haben, dann ist der Rest fast egal. Ob Sie eine starke emotionale Bindung zu Ihren Kindern haben, können Sie daran feststellen, ob Sie gerne an Ihren Kindern riechen. Eine ideale Mutter gibt es nicht. Aber immer eine „gut genug Mutter". Väter können übrigens auch ähnlich gute Mütter sein, nur stillen können sie noch nicht. Dafür aber kochen.

Praktische Winke

Das sollten Sie auf der Pfanne haben:

- Denken Sie an den Muttertag.
- Egal was Sie tun: Hören Sie auf Ihr Gefühl.
- Lernen Sie zu vergeben und zu verzeihen.
- Respektieren Sie Ihre Schwiegermutter, auch wenn es ein Schwiegermonster ist.
- Werden Sie Mutter und bleiben Sie Frau.
- Machen Sie sich einmal klar, wie viel Ihrer eigenen Mutter in Ihnen steckt: Mütter spielen vor allem im Leben der Töchter lebenslang eine zentrale Rolle. Sie sind eine Referenzperson, egal, ob wir uns gegen sie positionieren oder uns auf ihrer Seite fühlen.
- Söhne haben es leichter mit ihren Müttern als Töchter, weil sie sich mehr von ihren Müttern abgrenzen dürfen.
- Ob Sie ein Wunschkind sind oder nicht, das ist total egal! Wichtig ist, dass Sie da sind! Wenn Sie Geschwister haben, dann ist das sehr schön; mit die stärkste Bindung und Verbundenheit haben Geschwister
- Mütter müssen nicht perfekt sein, auch wenn sehr hohe Erwartungen an sie gestellt werden!
- Wenn Ihre Mutter es heute noch schafft, Sie in fünf Minuten auf 180 zu bringen, dann fühlen Sie immer noch wie ein Kind. Den Konflikt lösen können nur Sie selbst.

Warum sammeln Tomaten keine Treuepunkte?

Treulose Tomate

Klare Tomatensuppe

Zutaten

3 Dosen geschälte Tomaten (800 ml Füllmenge)
1 Zwiebel
4 Wacholderbeeren
2 Lorbeerblätter
2 TL getrockneter Thymian
½ TL Pfefferkörner (schwarz)
2 Nelken
4 Knoblauchzehen
1 getrocknete Chilischote
Salz, Zucker

Zubereitung

Die geschälten Tomaten mit den Gewürzen in einen Topf geben. Die Zwiebel schälen und würfeln, den Knoblauch quetschen und zu den Tomaten geben. Aufkochen und 20 Minuten kochen lassen, dabei immer wieder umrühren.

Ein Sieb oder Durchschlag mit einem nassen Küchentuch auslegen, über einen großen Topf hängen und die Tomatenmasse hineingeben. Abdecken und über Nacht an einem kühlen Ort abtropfen lassen. Keinesfalls rühren oder drücken.

Die Tomatenessenz vor dem Servieren erhitzen, mit Salz und Zucker abschmecken. Eine Tomate mit kochendem Wasser überbrühen, die Haut abziehen, entkernen und fein würfeln.

Tomatenessenz mit Tomatenwürfelchen garniert servieren.

Treulose Tomate: Was i(s)st das denn?

» *Das tut einem in der Seele weh*

Schmerz

Von seinem Partner verlassen zu werden tut weh! Vielen zerreißt es richtiggehend das Herz. Jeder, der das am eigenen Leib erfahren hat, weiß, wie sehr Zurückweisung und Ablehnung schmerzen können. Das muss nicht immer eine Liebesbeziehung sein. Manchmal entwickeln sich auch Freundschaften auseinander. Nicht selten sind es auch nur Kleinigkeiten, die uns doch mehr unter die Haut gehen als wir erwarten. Zum Beispiel, wenn jemand eine Verabredung absagt, auf die man sich sehr gefreut hat. Womöglich fühlt man sich wieder wie ein kleines Kind, das nicht mitspielen darf oder als Letzter in die Mannschaft beim Schulsport gewählt wird. Doch nicht nur Zurückweisung kann Schmerzen auslösen, auch der Gedanke an das Finanzamt oder den Zahnarzt kann wehtun; die Arbeit zu verlieren tut besonders weh! Vor allem, wenn man jung ist.

Es gibt unterschiedliche Ereignisse oder Erlebnisse, die uns wehtun können; erstaunlich ist, dass es für unsere körperlichen und seelischen Schmerzen im Gehirn nur ein einziges Zentrum gibt: Es ist der Gyrus Cinguli, die Gürtelwindung oder das Schmerzzentrum. Für uns Menschen, so die Neuropsychologie und Gehirnforschung, sind Ablehnung und „Nicht-mitspielen-Dürfen" offenbar besonders schmerzlich.

Genetisch betrachtet kommen wir alle aus der Savanne. Dort konnten wir nicht überleben, wenn wir von der Herde getrennt waren. Das ist heute immer noch so. Schmerz entsteht, wenn wir Angst haben, von unserer „Herde" getrennt zu sein. Zum Glück gibt´s aber Herde, um die wir uns mit Freunden versammeln können. Und gemeinsam kochen! Das verbindet und nimmt den Schmerz.

Praktische Winke

Das sollten Sie auf der Pfanne haben:

- Essen tröstet! Kochen Sie Ihr Lieblingsrezept aus diesem Buch.
- Lenken Sie sich ab mit Dingen, die Ihnen Spaß, Lust und Freude bereiten, gehen Sie z. B. ins Fitnessstudio, gehen Sie unter Menschen, egal wo.
- Soziale Zuwendung lindert Schmerzen! Sprechen Sie mit einem besten Freund/einer besten Freundin; das tut Körper und Seele gut! Sie dürfen sich auch mal so richtig ausweinen.
- Suchen Sie die Gemeinschaft von Menschen, die Sie mögen.
- Gehen Sie auf Partys. Laden Sie Freunde ein.
- Haben Sie mehr Verständnis für sich selbst; es ist normal, dass es weh tut, verlassen oder zurückgewiesen zu werden. Sagen Sie sich: „Ich liebe und akzeptiere mich, auch wenn ich gerade enttäuscht worden bin."
- Gehen Sie freundlich mit sich selbst um; für Ihr Schmerzzentrum fühlt es sich an, als würden Sie liebevoll ein Wundpflaster darauf kleben; der Schmerz lässt nach.
- Wenn Sie sich gegenüber anderen Menschen abgrenzen müssen, bleiben Sie bei sich, formulieren Sie sogenannte „Ich-Botschaften": „Ich möchte Dir absagen, weil es für mich heute anstrengend ist, unsere Verabredung einzuhalten." Das ist etwas anderes, als zu sagen „Du bist anstrengend!"
- Sie können auch einfach Ihre Vorstellungskraft als Trost- und Heilmittel nutzen, indem Sie sich an schöne Dinge erinnern oder an Zukünftiges denken, worauf Sie sich freuen werden.

Curry

Curry eleison

Curryhühnchen

Zutaten

4 Hähnchenkeulen (ca. 1-1,5 kg)
1 Bund Suppengrün
1 Möhre
1 Zwiebel
2 Lorbeerblätter
4 Nelken
5 Wacholderbeeren
1 TL schwarzer Pfeffer
1,5 l Wasser
200 ml Milch
100 ml Sahne
3 EL Butter
3 EL Mehl
2 EL Currypulver
Pfeffer, Salz

Dazu
Reis, Kopfsalat

Zubereitung

Die Zwiebel mit Schale halbieren, mit den Gewürzen, 1 TL Salz und den Hähnchenkeulen in einem großen Topf in das Wasser geben. Langsam aufkochen und eine Stunde köcheln lassen. Dabei immer wieder Schaum und Trübstoffe abschöpfen.
Suppengrün putzen, in grobe Würfel bzw. Scheiben schneiden. Nach der Hälfte der Kochzeit zur Brühe geben und bis zum Ende mitkochen.

Hähnchenkeulen aus der Brühe heben und etwas abkühlen lassen. Dann die Haut abziehen. Die Brühe durch ein Sieb gießen und auffangen. Die Möhre schälen und in kleine Würfel schneiden.

Für die Sauce die Butter im Topf zerlassen. Das Mehl und den Curry hinzugeben und unter Rühren hellgelb anschwitzen. Die Hühnerbrühe mit Milch und Sahne mischen und langsam unter ständigem Rühren mit dem Schneebesen zu der Mehlschwitze geben. Mit Currypulver, Pfeffer und Salz abschmecken, die Möhrenwürfelchen dazugeben und 10 Minuten köcheln lassen, dabei regelmäßig rühren.

Die Hähnchenschenkel zur Sauce geben und erwärmen.
Curryhühnchen mit Reis servieren.

Curry eleison: Was i(s)st das denn?

» *Das ist genau das Wichtige.*

Wertschätzung

Jeder Mensch hat den Wunsch, als Person wahrgenommen zu werden. Wenn wir uns wahrgenommen fühlen, stärkt das unser Selbstwertgefühl und tut uns einfach gut. Andere Worte für Wertschätzung sind: Ansehen, Achtung, Anerkennung, Lob, Ehre, Respekt, Würdigung, Bewunderung, aber vor allem Liebe! Und uns geliebt zu fühlen, ist mit das Schönste, was es in diesem Leben gibt. Wertschätzung können wir über unterschiedliche Wege zum Ausdruck bringen: wie wir einen Menschen begrüßen, wie wir mit ihm oder mit anderen über diesen Menschen sprechen, wie wir einen Menschen behandeln und welches Gefühl wir diesem Menschen vermitteln. Durch Wertschätzung machen wir deutlich, was uns ein anderer Mensch bedeutet, wie wichtig uns dieser Mensch ist, wie sehr wir ihn mögen oder lieben, ihm vertrauen oder ihn respektieren. Sie bringt Leidenschaft, Freunde und Nähe in unser Leben.

Ein aufwendiges Essen zu kochen oder sogar das Lieblingsgericht zuzubereiten, ist essbare Wertschätzung. Wertschätzung ist ein anderes Wort für Liebe. Und Liebe geht bekanntlich ja durch den Magen, auch wenn nicht klar ist, wohin sie danach geht.

Praktische Winke

Das sollten Sie auf der Pfanne haben:

- Geben Sie Menschen einen Vertrauensvorschuss.
- Halten Sie Blickkontakt und ziehen Sie dabei die Mundwinkel hoch.
- Begeben Sie sich auf Augenhöhe Ihres Gegenüber, auch bei Kindern.
- Hören Sie anderen aktiv zu, machen Sie deutlich, dass Sie verstanden haben.
- Seien Sie echt und empathisch, aber schleimen oder kriechen Sie nicht.
- Beachten Sie die wichtigsten Knigge-Tipps, das ist Wertschätzung pur.
- Wenn Sie Gast sind, dürfen Sie sich nach Einladung gerne wie zu Hause fühlen, aber bitte benehmen Sie sich nicht so!
- Kleine Geschenke erhalten die Freundschaft.
- Wertschätzung ist eines der wertvollsten Geschenke, das Sie einem anderen Menschen machen können.
- Respektieren Sie das Nähe- und Distanzbedürfnis anderer Menschen.
- Und wenn Sie keine Ahnung haben, dann einfach mal nichts sagen.
- Helfen Sie Menschen, die Ihre Hilfe benötigen.

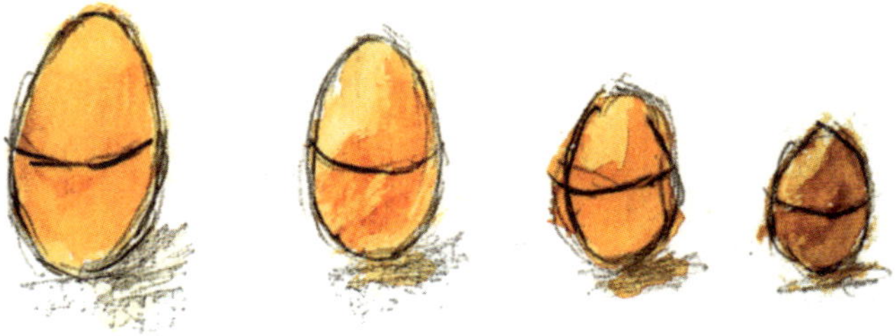

Buddha-Brot
Buddhaflocken (buddhawich)

Buddhabrot

Ostafrikanisches Fladenbrot (Chapati)

Zutaten

Für die Chapati
200 g Weizenmehl
200 ml Öl
1 TL Salz
Wasser

Für die Füllung
2 Tomaten
200 g Weißkohl
Pfeffer, Salz

Zubereitung

Aus Weizenmehl, Öl, Salz und etwas Wasser einen nicht zu weichen Teig herstellen. Zu einer Kugel formen und mit einem feuchten Küchentuch abgedeckt eine halbe Stunde ruhen lassen.

In der Zwischenzeit die Tomaten würfeln und den Kohl in feine Streifen schneiden. Mit Pfeffer und Salz leicht würzen.

Dann aus der Teigkugel vier kleine Kugeln formen, flach drücken und ggf. mit einem Nudelholz recht dünn ausrollen. In einer nicht beschichteten (Eisen-) Pfanne in wenig Öl ausbacken, bis der Teig Blasen wirft, dann wenden. Auf die Oberseite Tomaten und Weißkohl geben und weiter braten, bis der gewünschte Bräunungsgrad erreicht ist.

Chapati aus der Pfanne heben, einrollen und warm servieren. Die Chapatis schmecken aber auch, wenn sie in Alufolie gewickelt und zu einem späteren Zeitpunkt kalt gegessen werden.

Buddhabrot: Was i(s)st das denn?

» *In der Ruhe*
liegt die Kraft

Ruhe

Alles zu seiner Zeit

Ein in Meditation erfahrener Mann wurde einmal gefragt, warum er trotz seiner vielen Beschäftigungen immer so gesammelt sein könne.

Er sagte:
wenn ich stehe, dann stehe ich,
wenn ich gehe, dann gehe ich,
wenn ich sitze, dann sitze ich,
wenn ich esse, dann esse ich,
wenn ich spreche, dann spreche ich ...

Da fielen ihm die Fragesteller ins Wort und sagten:
Das tun wir auch, aber was machst du darüber hinaus?

Er sagte wiederum:
wenn ich stehe, dann stehe ich,
wenn ich gehe, dann gehe ich,
wenn ich sitze, dann sitze ich,
wenn ich esse, dann esse ich,
wenn ich spreche, dann spreche ich ...

Wieder sagten die Leute:
Das tun wir doch auch.

Er aber sagte zu ihnen:
Nein,
wenn ihr sitzt, dann steht ihr schon,
wenn ihr steht, dann lauft ihr schon,
wenn ihr lauft, dann seid ihr schon am Ziel *aus dem Zen*

Praktische Winke

Das sollten Sie auf der Pfanne haben:

- Machen Sie immer nur eine Sache zu einer Zeit.
- Leben Sie in der Gegenwart, dann leben Sie in Gelassenheit.
- Ruhe finden heißt, auch vergeben und verzeihen können.
- Lassen Sie Ihre Sorgen und Ängste los, z. B. durch Meditation oder Beten.
- Ruhe finden Sie über Entspannungstechniken und Hypnose. Es kann schon beruhigend wirken, wenn Sie sich an einen Ort erinnern, an dem Sie sich in der Vergangenheit sehr wohl und entspannt gefühlt haben, vielleicht am Meer, im Wald oder in den Bergen.
- Nehmen Sie sich jeden Tag ein paar Minuten Zeit, um zur Ruhe zu kommen.
- Lassen Sie das, was geschieht, zu, nehmen Sie es an und stemmen sich nicht krampfhaft dagegen – auch nicht dagegen, glücklich zu sein.
- Denken Sie positiv und stellen Sie sich vor, wie es ist, wenn alles in Ordnung ist.
- Ruhe finden Sie durch Achtsamkeit, egal, was Sie tun: Beim Zähneputzen bewusst wahrnehmen wie sich der Schaum anfühlt, Gemüseschneiden, Essen, Duschen, Spazierengehen – machen Sie alles bewusst, denken Sie an nichts anderes!
- Nehmen Sie das, was Sie gerade tun, mit allen Sinnen wahr, erspüren Sie die Banalität des Alltags – ohne zu bewerten.
- „Geh ma wacker anne Bude", so sagte man im Ruhrgebiet, als es noch kein Internet gab; eine „Bude" stand früher an jeder Ecke und dort konnte man alle Dinge kaufen, die man für eine glückliche Existenz brauchte; leider ist der „Ruhrgebiets-Budismus" vom Aussterben bedroht; gehen Sie doch mal wieder an ein Büdchen, anstatt ins Internet!

Geldfluss
Überfluss
Alles fließt

Kohlerar am Bierzeps

Schlabberkappes

Zutaten

1 kleiner Weißkohl (ca. 1–1,5 kg)
500 g Hackfleisch (halb Rind-, halb Schweinefleisch)
2 Zwiebeln
1 kg Kartoffeln
1 l Fleischbrühe (Instant)
200 ml Sahne

Dazu
1 Glas Bier

Zubereitung

Den Weißkohl putzen, halbieren, den Strunk entfernen und in Stücke schneiden. Die Kartoffeln schälen und mundgerechte Stücke schneiden. Die Zwiebeln abziehen und fein würfeln. Zwiebelwürfel, Kartoffeln und Kohl in einen Topf schichten und mit der Fleischbrühe bedecken. Zum Kochen bringen und zugedeckt bei schwacher Hitze 20 Minuten köcheln lassen.

Die Sahne hinzugeben, umrühren und mit Pfeffer und Salz abschmecken.

Das kräftige Kohlgericht schmeckt Erwachsenen gut mit einem Glas (alkoholfreiem) Bier.

Kohlerar am Bierzeps: Was i(s)st das denn?

» *Viel Monat für wenig Geld*

Geld

Geld regiert die Welt und Zeit ist Geld – sagt man. Geld beschäftigt uns jeden Tag, im privaten und beruflichen Alltag, in der Politik und in der Wirtschaft sowieso. Es sei denn, man hat das Gelübde der ewigen Armut abgelegt. Aber das haben die wenigsten von uns getan, auch wenn es den meisten Menschen jeden Monat so vorkommt. Gegen die vielen Ausgaben kann man überhaupt nicht mehr anverdienen. Wir gehen arbeiten, um Geld zu verdienen und gehen shoppen, um es wieder auszugeben. Ein Blick auf unseren Kontoauszug kann uns dann schon mal das blanke Entsetzen ins Gesicht schreiben.

Wir sparen, wir legen an, wir sorgen uns um unsere Altersvorsorge, wir verleihen Geld oder nehmen selbst mal einen Kredit auf, um ein Haus oder Auto zu kaufen.

Geld beruhigt, sagt man. Und kein Geld zu haben, kann sehr beunruhigend sein.

Und leider kaufen viele Menschen von dem Geld, das sie nicht haben, Klamotten, die sie nicht brauchen, um Leute zu beeindrucken, die sie nicht leiden können. Ruckzuck rutscht man in die Miesen. Wenn man dann nicht aufpasst, kann daraus ein ernsthaftes Problem mit existentiellem Ausmaß entstehen. Aber so weit muss es nicht kommen, wenn man rechtzeitig lernt hauszuhalten und nur das ausgibt, was man hat. Es ist kein Wunder, dass das Geld aufgrund seiner hohen Bedeutung für unser Leben daher auch so viele Redewendungen und Synonyme kennt: Kohle, Bares, Asche, Heu, Moneten, Geriebenes, Penunzen, Flocken, Knete, Kies, Kröten, Mammon, Mäuse, Moos, Schotter, Patte, Poscher, Ocken, Tacken, Flöhe, Mücken, Zaster und Cash.

Praktische Winke

Das sollten Sie auf der Pfanne haben:

› Führen Sie ein Haushaltsbuch und verschaffen Sie sich einen Überblick über Ihre Einnahmen und monatlichen Ausgaben, beschäftigen Sie sich mit Ihren Finanzen.

› Machen Sie eine Aufstellung Ihrer monatlichen Fixkosten wie Miete, Auto, Tanken, Telefon, Versicherungen, Raten und Lebensmittelkosten.

› Planen Sie, mit etwa 10 EUR pro Tag für Lebensmittel auszukommen.

› Überlegen Sie gründlich, ob Ihr Einkaufswunsch wirklich dringend und wichtig ist, denn vieles ist schön, aber unnötig.

› Sparen können Sie bei den variablen Kosten, wie Kleidung, Kino, Restaurant, Alkohol, Zigaretten.

› Geben Sie doch an zwei Tagen pro Woche mal kein Geld aus, dann füllt sich Ihre Börse wieder; fahren Sie Fahrrad, gehen Sie spazieren, schauen Sie DVDs, die noch im Schrank stehen, lesen Sie und kochen Sie Rezepte aus diesem Buch.

Speckmantel
durchwachsen

was hält die Welt zusammen
Ihre Suche ergab leider keine Treffer
Das könnte Sie auch interessieren
Johann Wolfgang Goethe
Faust
Die Tragödie erster Teil

Googlehupf

Gugelhupf mit beschwipsten Rosinchen

Zutaten

500 g Mehl
½ Würfel Hefe
150 g Butter
150 ml Milch (lauwarm)
100 g Zucker
1 Ei
1 TL Zitronensaft

1 Prise Salz
2 EL Semmelbrösel

150 g Rosinen
100 ml Rum

Puderzucker zum Bestreuen

Zubereitung

Die Rosinen mit dem Rum übergießen und ziehen lassen (wer mag, auch über Nacht).

Das Mehl in eine Schüssel sieben. In die Mitte eine kleine Vertiefung drücken, die Hefe hineinbröseln und mit 1 TL Zucker und der Hälfte der lauwarmen Milch anrühren. Zugedeckt 15–20 Minuten an einem warmen Ort gehen lassen. Die Butter mit der restlichen Milch erwärmen und schmelzen lassen.

Alle weiteren Zutaten (bis auf die Rosinen) zum Vorteig geben, gut verrühren und erneut 20 Minuten abgedeckt gehen lassen. Die Rosinen aus dem Rum nehmen, gut abtropfen lassen und unter den Teig mischen.

Den Backofen auf 180 Grad vorheizen.

Eine Gugelhupfform gut fetten und mit Semmelbröseln ausstreuen und den Teig hineingeben. Den Gugelhupf auf mittlerer Schiene ca. 40 Minuten nicht zu braun backen.

Googlehupf: Was i(s)st das denn?

» *Wer PIN ich?*

Digitalistan

Manchmal hat man das Gefühl, wir alle wären in Digitalistan geboren und aufgewachsen.

Wir werden geboren und irgendwann werden wir sterben. Dazwischen schauen wir auf unsere Digitaluhren. Computer, Internet und Navigationsgeräte machen das Leben leichter; aber alles, was wirkt, so sagt man in der Medizin, hat auch Nebenwirkungen; und die sind bei den digitalen Medien nicht unerheblich; vielfach kommt es sogar zu einer regelrechten Mediensucht und Abhängigkeit. Beim Abendessen noch schnell und nervös die Mails am Handy checken, die Kinder kleben am Computer, Tablet oder Fernseher. Mittlerweile haben viele Menschen schon eine digitale Identität und sind ständig erreichbar. Das Problem ist, dass man dann oft im wahrsten Sinne des Wortes nicht mehr abschalten kann. Mittlerweile ist die moderne Welt voll von digitalen Säbelzahntigern. Die digitale Evolution ist mittlerweile zu einem regelrechten medialen Kannibalismus geworden. Die Informationen, die uns über die neuen Kommunikationswege angeboten werden, können wir längst nicht mehr alle aufnehmen, geschweige denn verarbeiten. Irgendwann werden Menschen auch an digitaler Demenz erkranken, weil unser Gehirn immer weiter schrumpft, wenn es nichts mehr zu tun hat und wir alle Aufgaben den digitalen Prothesen überlassen. Folge der digitalen Entwicklung sind aber auch neue Risiken und Krankheiten: Hurry Sickness, die Hetzkrankheit. Handy-Stress, wenn mein Akku leer ist oder ich das Handy vergessen habe. Internetsucht und permanentes Checken von E-Mails und WhatsApp auf dem Smartphone. Aus dem steinzeitlichen und philosophischen „wer BIN ich?" ist im Cyberspace längst ein „wer PIN ich?" geworden.

Praktische Winke

Das sollten Sie auf der Pfanne haben:

- Multitasking macht doof, machen Sie nur eine Sache zu einer Zeit.
- Legen Sie in Ihrer Familie oder Partnerschaft klare Regeln fest, wann und wie lange Sie pro Woche bildschirmfreie Zeiten haben.
- Bevor Sie den Computer einschalten, überlegen Sie, warum Sie es tun. Wohin wollen Sie surfen?
- Unterscheiden Sie bei der Nutzung zwischen Arbeitszeit und Spielzeit; beide sollten begrenzt werden.
- Machen Sie sich regelmäßig Ihren Medienkonsum bewusst und versuchen Sie, ihn auf ein Minimum zu reduzieren.
- Kinder können ohne Medien mehr Auszeit und Neues erleben, so wie früher mal wieder draußen spielen, aktiver und kreativer werden; es gibt auch Freunde, die funktionieren ganz ohne Strom!
- Setzen Sie in Ihrer Familie keine elektronischen Babysitter und elektronischen Diener ein, um sich oder Kinder zu beschäftigen.
- Schauen Sie weniger auf Ihr Smartphone; schauen Sie lieber die Menschen an, sprechen Sie mit ihnen.
- Lösen Sie sich aus der „Apphängigkeit" von Online-Rollenspielen und Teleshopping.
- Wenn Sie nicht gerade Rufbereitschaft haben oder für Ihre Kinder erreichbar sein müssen, gehen Sie mal wieder ohne Handy in Ihre Lieblingskneipe.
- Schreiben Sie doch mal wieder einen Brief oder eine Postkarte mit der Hand und mit einem richtigen Füllfederhalter.
- Die Fastenzeit auch mal zum digitalen Fasten nutzen – geht nicht nur zwischen Karneval und Ostern!

Geschmacksverstärker:
T-Shirt, kurze Hose, Socken,
Sandalen (ersatzweise Adiletten)
optional Kappe oder Sonnenhütchen

Spießer vom Grill

Grillspieße ohne Fleisch

Zutaten

Für die Spieße
1 rote Zwiebel
1 rote Paprika
1 gelbe Zucchini
1 grüne Zucchini
4 Kirschtomaten
4 Champignons
4 Austernpilze

Für die Marinade
250 ml Olivenöl
6-8 Zehen Knoblauch
1 Bund glatte Petersilie
Pfeffer, Salz

Dazu
Baguette

Zubereitung

Die Zwiebel abziehen und vierteln. Das restliche Gemüse putzen und, außer den Kirschtomaten, in mundgerechte Stücke schneiden, Champignons, je nach Größe, ggf. halbieren. Das Gemüse abwechselnd und bunt gemischt auf vier Holzspießchen stecken.

Knoblauchzehen und Petersilie hacken und mit Pfeffer und Salz in einer flachen Schale mit dem Olivenöl mischen. Die Spieße hinzugeben, im Öl wenden, bis sie von allen Seiten vom Öl benetzt sind und zugedeckt über Nacht an einem kühlen Ort marinieren.

In einer Grillpfanne oder auf dem Grill ringsherum grillen und mit Baguette oder als Beilage zu Grillfleisch servieren.

Spießer vom Grill: Was i(s)st das denn?

» *Arbeitest du heute nicht fleißig,*
dann suchst du morgen fleißig nach Arbeit

Der Job an sich

„Wenn ich groß bin, will ich auch mal Spießer werden", so lautet der Slogan einer bekannten Bausparkasse. Wer Spießer ist, lebt in festen und teilweise starren Strukturen. Spießer sind oft engstirnige Menschen, die im Denken anhaften, d. h., sie sind geistig unbeweglich und führen ein völlig angepasstes Leben mit einer sehr geringen Veränderungsbereitschaft. 25 Jahre nach Cuxhaven-Döse fahren. Am besten immer wieder in dasselbe Hotel. Immer wieder den Job machen, ist gar nicht so anders. Der Mensch prägt den Job. Der Job prägt aber auch den Menschen, und zwar oft mehr, als es dem Insbürogeher lieb ist. Und manchmal ist das gar nicht so gesund.

Überstunden, Erschöpfung, Depression, Burnout, Jobverdruss – Millionen Menschen fühlen sich im Job überfordert. Studien der Bundespsychotherapeutenkammer (BPtK) zur Arbeits- und Erwerbsunfähigkeit zeigen: nicht „Arbeit" macht krank, sondern „nicht arbeiten" macht krank! Berufstätige sind weniger psychisch krank als Arbeitslose! Der Job an sich ist also nicht das Problem. Im Klartext heißt das: Wir brauchen einen Job, um gesund zu bleiben und da kann es sogar helfen, etwas spießig zu sein. Arbeit ist eine soziale Erfahrung und den Job zu bewältigen heißt, Probleme zu lösen, tagein, tagaus. Menschen entwickeln sich besser, wenn sie Aufgaben und Probleme lösen. Gesund ist der Job auf Dauer aber nur dann, wenn ein Gleichgewicht herrscht zwischen Verausgabung und Wertschätzung. Dann sind der Job und der Mensch gesund. Wenn es zu einer Störung von Leistung und Motivation kommt, drohen körperlicher und mentaler Energieverlust, der uns am Ende krank machen kann. Studien zeigen, dass das Wochenende für die meisten Berufstätigen bereits donnerstagmittags beginnt. Planen Sie Ihre Woche im Rhythmus „Verausgabung" und „Erholungs-Modus". Unterscheiden Sie, wo Sie hochkonzentriert und produktiv arbeiten und abliefern müssen und wo es sich nur um Routinearbeiten handelt; dazwischen legen Sie Verschnaufpausen ein.

Praktische Winke

Das sollten Sie auf der Pfanne haben:

- Identifizieren Sie Probleme, die Sie nicht lösen können; dann wenden Sie sich davon ab oder nehmen Sie diese hin, es lässt sich nicht ändern.
- Sorgen Sie für Auszeiten.
- Machen Sie Pausen! Das ist das beste Heilmittel gegen Überforderung, Depression, Burnout und Angst.
- Machen Sie Tages- und Wochenpläne; erledigen Sie immer das Wichtige vor dem Dringenden; was nicht wichtig und nicht dringend ist, kommt in die Tonne.
- Sorgen Sie für Motivationsziele! Mehr Gehalt, mehr Urlaub, mehr Verantwortung, mehr Anerkennung, mehr Erfolg. Vermeidungsziele haben noch nie funktioniert.
- Holen Sie sich Zuwendung, Anerkennung, Wertschätzung und Unterstützung.
- Und wenn andere Sie nicht loben, tun Sie es selbst. Dem Gehirn ist das egal. Das Gehirn macht am Ende sowieso aus Arbeit und Kommunikation reine Biologie.
- Nach der Arbeit unbedingt darauf achten abzuschalten und sich zu erholen.
- Distanzieren Sie sich von Ihrer Arbeit.
- Achten Sie auf Ihre Intuition und Ihr Bauchgefühl; positive Körpersignale sind gesund.

min...
45°

Toast Au-wei

Pikanter Toast Hawaii (Veggi-Style)

Zutaten

4 Scheiben (Sandwich-)Toast
4 TL Butter
4 große Scheiben Gouda
4 Scheiben Ananas (Dose)
4 TL Chilisauce (süß-sauer)
1 Beet Kresse
Chiliflocken

Zubereitung

Den Backofen auf 200 Grad (Umluft 180 Grad) vorheizen.

Die Toastscheiben mit Butter bestreichen und mit je ½ Scheibe Käse belegen. Darauf je einen Teelöffel Chilisauce verteilen, mit gemahlenen Chiliflocken würzen. Je eine Scheibe Ananas dazu und mit der zweiten halben Scheibe Käse abdecken.

Die Toasts 10 Minuten im Ofen backen.

Zum Servieren mit gemahlenen Chiliflocken und der Kresse garnieren.

Nachtischvorschlag: Pustekuchen

Toast Au-wei: Was i(s)st das denn?

> *Hinfallen, aufstehen, Krönchen richten, weitergehen.*

Scheitern

Schöner scheitern – besser scheitern!

Das Leben ist heute irrsinnig kompliziert und stressig. Der Alltag fordert uns häufig ein gutes Zeitmanagement und hohe Organisationsfähigkeit ab. Wir arbeiten heute doppelt soviel wie vor 20 Jahren. In der gleichen Zeit, wohlgemerkt! Und vermutlich werden wir in weiteren 20 Jahren doppelt so viel arbeiten wie heute – und auch das in der gleichen Zeit. Kein Wunder, wenn da nicht immer alles reibungslos verläuft und Fehler gemacht werden. Was nehmen wir uns nicht immer für ein Jahr vor: Abnehmen! Mit dem Rauchen aufhören! Mehr Sport treiben! Neue berufliche Ziele erreichen! Und wie oft scheitern wir! Das ist aber nicht schlimm – im Gegenteil: denn Scheitern macht erfolgreich. Das ist kein Witz! Aber der Erfolg stellt sich nicht von alleine ein. Voraussetzung dafür, dass Niederlagen erfolgreich machen, ist, dass diese Niederlagen gründlich analysiert werden müssen. Und wir müssen Feedback einholen. Nur so können wir von der Oberfläche zu den darunter liegenden Strukturen und danach zu den Entwürfen kommen. Der Mensch ist ein Gewohnheitstier.

Es fällt Menschen oft sehr schwer, aus Fehlern zu lernen; wer aber nicht aus seinen Fehlern lernt, ist dazu verdammt, sie immer zu wiederholen. Wenn wir nach Erfolg streben, müssen wir lernen, Niederlagen zu akzeptieren. Jeder Mensch ist fehlbar! Wer aus seinen Fehlern lernt, wird erfolgreich!

Erst wenn man stolpert, achtet man auf den Weg, den man geht. Über raue Pfade gelangt man zu den Sternen.

Praktische Winke

Das sollten Sie auf der Pfanne haben:

- Analysieren Sie Ihre Niederlagen sehr gründlich.
- Holen Sie sich regelmäßig Feedback ein: vom Chef, den Kollegen, den Kunden, aber auch von Freunden und dem Partner, nur so können Sie blinde Flecken entdecken und lernen.
- Haben Sie keine Angst, sich zu blamieren oder zu schämen, es ist nicht peinlich.
- Geben Sie Fehler zu! Nur so können Sie aus Ihren Fehlern lernen.
- Es darf auch Spaß machen, anderen von den eigenen Fehlern zu berichten.
- Vergeben und verzeihen Sie sich auch selbst.
- Machen Sie Probleme sichtbar, dann sind sie lösbar.
- Heute ist der denkbar schlechteste Zustand; versuchen Sie, jeden Tag besser zu werden.
- Sagen Sie sich: Ich liebe und akzeptiere mich, auch wenn ich manchmal Fehler mache. Dann können Sie zwei widerstreitende Gedanken und Gefühle zur gleichen Zeit zulassen: Ich bin ein liebenswerter Mensch, auch wenn mir manchmal etwas so richtig in die Hose geht.
- Es gibt nicht nur ein „entweder– oder“ und „weder – noch“: Es gibt auch ein „sowohl – als auch“.
- Wenn Sie mal auf dem völlig falschen Fuß erwischt werden, machen Sie sich nichts daraus, ertragen Sie es, die Wahrheit zu hören. „Ich habe einen Fehler gemacht“, ist leichter zu ändern als zu denken: „Ich bin ein Versager.“
- Fehler sind nichts anderes als „Lebenslerngelegenheitenermöglicher“.

MART
MARTA
Wartungsbericht
0
10
Energie
Fachkompetenz
Eigenkompetenz
Motivation
Konfliktmanagement
Selbst Kritik
Führungskompetenz
soziale Kompetenz

Profi-Lachse auf verhagelter Petersilie

Lachs-Pfannkuchenröllchen

Zutaten

Für die Lachsröllchen
60 g Mehl
100 ml Milch
2 Eier
2 EL Butter
4 EL Crème fraîche
½ Bund Dill
400 g Räucherlachs
Pfeffer, Salz

Für den Salat
1 Kopfsalat
150 ml Buttermilch
3 EL neutrales Pflanzenöl
1 TL Senf
½ Bund Petersilie

Dazu
Baguette

Zubereitung

Aus Mehl, Milch und Eiern einen glatten Teig rühren, mit Pfeffer und Salz würzen und 15 Minuten ausquellen lassen.

In einer Pfanne, mit je einem TL Butter, vier dünne Pfannkuchen braten und anschließend auskühlen lassen.

Dill hacken und mit der Crème fraîche vermischen. Auf den Pfannkuchen verstreichen und den Lachs darauf verteilen. Die Lachspfannkuchen fest aufrollen, in Frischhaltefolie wickeln und für 1 Stunde in den Kühlschrank legen.

Den Salat putzen und die gelben und hellgrünen Blätter verwenden. Petersilie hacken, einige Blätter zur Seite legen. Buttermilch mit Öl, Senf, gehackter Petersilie, Pfeffer und Salz verrühren. Unmittelbar vor dem Servieren mit den Salatblättern mischen.

Die Lachsröllchen 2 cm dick aufschneiden und auf einem Salatbett anrichten. Mit restlicher Petersilie garnieren.

Profi-Lachse auf verhagelter Petersilie: Was i(s)st das denn?

» *Profi-Lachse sind die beste Prophy-laxe.*

Depression und Burnout

Was geschieht eigentlich, wenn ein Mensch plötzlich mit seiner Kraft am Ende ist?

Es kommt zu Konzentrationsproblemen und Motivationsverlust, man wird dünnhäutig und reizbar, es kommt zum sozialen Rückzug und im schlimmsten Fall macht man nur noch Dienst nach Vorschrift. Am Ende stehen die innere Kündigung und der völlige Nerven-Zusammenbruch. Burnout und Psycho-Infarkt sind aber keine Krankheiten! Sie sind ein Risikozustand. Die Diagnose lautet am Ende: Depression! Aber egal, ob man es Burnout, Depression oder Psycho-Infarkt nennt: Die Betroffenen brauchen Hilfe und zwar möglichst schnell. Wer ein gutes menschliches Frühwarnsystem hat, kann sich lange Zeit noch selbst helfen. Familiäre und soziale Unterstützung sind Gold wert! Wer aber seine körperlichen und mentalen Ressourcen komplett aufgebraucht hat und zudem vielleicht auch keine Familie oder Freunde hat, fühlt sich bald wie eine Batterie nach Tiefenentladung: völlig alle und leer! Dann ist es ratsam, professionelle Hilfe anzunehmen. Typische Kennzeichen eines völligen körperlichen und mentalen Energieverlustes sind: Schmerzsymptome wie Kopfschmerzen, Rückenschmerzen, Atembeschwerden, Herzbeschwerden, Magen-Darm-Beschwerden, Unterleibsbeschwerden und Schlafstörungen sowie Sexualfunktionsstörungen und Angst.

Pausen sind übrigens das beste Heilmittel bei Depression und Burnout. Prävention also. Vorbeugen ist besser als Heilen. Ein Hoch auf die Prophylaxe!

Praktische Winke

Das sollten Sie auf der Pfanne haben:

- Machen Sie regelmäßig Pausen.
- Achten Sie auf Ihre Erholungsfähigkeit.
- Schalten Sie nach der Arbeit ab und tun Sie Dinge, die Ihnen viel Spaß, Freude oder Lust bereiten.
- Deutliche Warnzeichen sind z. B.: Motivationsverluste, Reizbarkeit, Dünnhäutigkeit, sozialer Rückzug, Dienst nach Vorschrift, keine Lust auf Sex.
- Kümmern Sie sich auch mal nur um Dinge, die nur für Sie und Ihre Gesundheit wirklich wichtig sind.
- Sagen Sie regelmäßig „Nein!" Sie müssen nicht immer für jeden und alles da sein; achten Sie auf Ihre eigenen Bedürfnisse, Gefühle und Wünsche: Sie sind der wichtigste Mensch in Ihrem Leben! Hören Sie auf, sich zu rechtfertigen.
- Nehmen Sie Hilfe und soziale Unterstützung an. Das Leben ist da, wo die Menschen sind!
- Stellen Sie sich regelmäßig folgende drei Fragen und handeln Sie danach:
  1. Achte ich gerade genug auf mich selbst, meine Rhythmen, Bedürfnisse, Körpersignale?
  2. Handele ich im Moment verantwortlich und wertschätzend mir selbst und mir wichtigen Menschen gegenüber?
  3. Entspricht meine Arbeit meinen persönlichen Wertvorstellungen und Lebenszielen?
- Stärken Sie Ihr seelisches Immunsystem; seien Sie optimistisch; akzeptieren Sie die Dinge, so wie sie sind; suchen Sie nach Lösungen; verlassen Sie die Opferrolle, handeln Sie! Übernehmen Sie Verantwortung und nutzen Sie soziale Unterstützung; setzen Sie sich Ziele und planen Sie Ihre Zukunft.

Ruhe
Kinder
Partner
Hobby
Arbeit

Tafelspitz pass auf!

Edles Kochfleisch

Zutaten

Für das Kochfleisch
1,5 kg Rindfleisch (Keule)
500 g Rinderknochen
1 Bund Suppengrün
2 Zwiebeln
½ TL Thymian (getrocknet)
1 TL Pfefferkörner (schwarz)
Salz

Für den Sahnemeerrettich
100 ml Sahne
25 g frischer Meerrettich (oder aus dem Glas)
Pfeffer, Salz
½ TL Zitronensaft

Dazu
Rote Bete

Zubereitung

Die Knochen in einem großen Topf mit Wasser bedecken und aufkochen. Danach das Kochwasser abgießen und die Knochen mit kaltem Wasser abspülen. Die Knochen zurück in den Topf und das Rindfleisch dazugeben. Erneut mit kaltem Wasser bedecken und langsam zum Kochen bringen. Etwa 2 Stunden köcheln lassen, dabei immer wieder den Schaum und Trübstoffe abschöpfen.

Suppengemüse und die Zwiebeln putzen und nach einer Stunde zusammen mit den Gewürzen zum Fleisch geben und mitkochen.

Nach Ende der Garzeit den Topf vom Herd nehmen und das Fleisch für weitere 15 Minuten in der Brühe ruhen lassen.

Für den Sahnemeerrettich Sahne steif schlagen. Den Meerrettich reiben, mit Salz und einigen Tropfen Zitronensaft mischen und vorsichtig unter die Sahne mischen. Mit Salz, Pfeffer und Zitronensaft abschmecken.

Das Fleisch aus der Brühe nehmen, aufschneiden und mit Sahnemeerrettich und Roter Bete servieren.

Tafelspitz pass auf: Was i(s)st das denn?

» *Sind wir bald da?*

Zeitdruck und Angst

Millionen von Kindern haben ihre Eltern bei Reisen mit der Frage: „Sind wir bald da?" endlos genervt. Langeweile kennt aber heute fast kein Mensch mehr. Es ist schon paradox: Menschen werden immer älter und haben dennoch immer öfter das Gefühl, immer weniger Zeit zu haben. Als Kinder hatten wir alle das Gefühl der Zeitewigkeit, das bedeutet, Zeit hört niemals auf. Wir hatten ein Meer an Zeit. Sechs Wochen Ferien – das bedeutete einen unvorstellbar langen Zeitraum! Was sind heute für uns als Erwachsene sechs Wochen?! Wir steigen montagmorgens in das Hamsterrad, das Wochenrennen beginnt, das Hamsterrad dreht sich bis Freitagabend und manchmal auch noch am Wochenende, dann steigen wir aus, wir fliegen quasi durch das Wochenende, müssen auch mit Freunden und Familien dann schon Termine in der Freizeit verabreden und so haben wir das Gefühl, dass die Zeit immer schneller vergeht, dass wir durch das Jahr hindurchrasen und die Jahre einfach nur so davonlaufen. Wenn es soweit ist, halten Sie das Leben mal wieder an oder verlangsamen Sie es. Holen Sie sich das Gefühl der Zeitewigkeit zurück. Überlegen Sie, ob das, was Sie gerade tun, Sie wirklich Ihren Zielen weiterbringt und ob Sie daran Spaß haben wie ein kleines Kind. Wenn nicht, dann hören Sie damit auf und kümmern sich um die Dinge, die wirklich wichtig sind für Sie und Ihre Gesundheit. Und denken Sie daran: Wir sind auf der Welt, um zu leben und nicht um zu arbeiten. Arbeit ist nur dazu da, damit wir gut damit und gut davon leben können. Spielen Sie mit Ihren Kindern, gehen Sie mit Ihrem Partner aus, treffen Sie Ihre Freunde, nehmen Sie sich Zeit, Ihren Glauben zu leben. Trauen Sie sich mal, verrückte Sachen zu machen. Riskieren Sie mal was, dann können Sie mit „90" sagen: Ja, ich habe mich damals getraut! Auch wenn es schief gegangen ist – ist doch egal. Es ist nicht wichtig anzukommen, wichtig ist es loszugehen. Also los!

Praktische Winke

Das sollten Sie auf der Pfanne haben:

- Halten Sie unter Wasser einmal drei Minuten die Luft an.
- Laufen Sie einen Halb-Marathon.
- Nutzen Sie Zeit mal ganz anders und wieder ganz bewusst.
- Durchbrechen Sie Gewohnheiten.
- Machen Sie Tages- und Wochenpläne – aber planen Sie realistisch.
- Verabreden Sie sich mit Freunden und halten Sie die Verabredung ein.
- Trauen Sie sich mal was! Hören Sie auf Ihr Bauchgefühl; trauen Sie Ihrer Intuition.
- Konzentrieren Sie sich auf das für Sie Wesentliche, tun Sie am besten das Wichtige vor dem Dringenden.
- Beginnen Sie noch heute mit einem neuen Zeitbewusstsein. Zeit ist jetzt!
- Das Gegenteil von Angst ist übrigens Lust! Tun Sie Dinge, die Ihnen ganz viel Freude und Lust bereiten, erleben Sie natürliche Rauschzustände, das ist der beste Schutz vor Depression und Angst.
- Singen Sie laut, am besten jeden Tag, egal wo, ob unter der Dusche oder im Auto, dem Gehirn tut es gut.

Erika
die große
Cornichance

Corni-Chance

Wurstsalat

Zutaten

300 g Fleischwurst
200 g Käse (Emmentaler oder Gouda)
1 kl. Glas Cornichons (370 ml)
1 Zwiebel
2 EL Essig
2 EL Sud von den Cornichons
5 EL Sonnenblumenöl
1 TL Senf
Pfeffer, Salz

Zubereitung

Die Fleischwurst und den Käse zunächst in dünne Scheiben und diese dann in schmale Streifen schneiden. Die Zwiebel abziehen und fein würfeln. Cornichons abtropfen lassen und dabei zwei EL von dem Sud auffangen. Cornichons in feine Scheibchen schneiden.

Fleischwurst, Käse, Cornichons und die Zwiebel vermengen.

Aus Essig, Öl, Sud und Senf eine Vinaigrette mischen, mit Pfeffer und Salz abschmecken und über den Wurstsalat geben.

Mindestens eine Stunde ziehen lassen.

Dazu Brot oder Baguette servieren.

Corni-Chance: Was i(s)st das denn?

> *Wussten Sie eigentlich, dass das Hamsterrad von innen aussieht wie eine Karriereleiter?*

Karriere

Karriere bedeutet „erfolgreiche Laufbahn". Es ist die persönliche Laufbahn eines Menschen in seinem Berufsleben. Ein erfolgreiches und zufriedenes Leben beruht auf dem ausgewogenen Verhältnis der folgenden fünf Bereiche zueinander:

- Arbeit und Leistung: Karriere, Beruf, Einkommen
- Körper: Gesundheit, Ernährung, Erholung, Sport, „Mahl Zeit für mich"
- Materielle Sicherheiten: Haus, Auto …
- Sozialkontakte: Freunde, Familie, soziale Netzwerke, soziale Anerkennung
- Sinn: Selbstverwirklichung, Glaube, Lernen

Die fünf Bereiche sind miteinander verbunden wie die Teile eines Mobiles. Wenn sich ein Teil bewegt, bewegen sich die anderen mit, ob sie wollen oder nicht. Karriere erfolgt also nur durch ein Gleichgewicht zwischen den fünf Bereichen, und gesund ist, wer sich in Liebe und Arbeit befriedigend betätigen kann. Karriere kann man planen. So wie man sein privates Leben auch planen kann. Dazu braucht man aber ein gut funktionierendes Partnerschaft- und/oder Familiensystem. Beruf und Familie lassen sich nicht vereinbaren. Ich kann nicht eine super Mutter von vier Kindern sein und gleichzeitig eine Top-Führungskraft; es geht nur durch Kooperation und gegenseitige Unterstützung. Alleine geht es nicht. Entscheidende Bestandteile der Karriere sind das lebenslange Lernen sowie auch die Work-Life-Balance. Wer Karriere machen will, braucht Leidenschaft.

Praktische Winke

Das sollten Sie auf der Pfanne haben:

› Legen Sie sich regelmäßig Stärken-Schwächen-Analysen vor.

› Synchronisieren Sie Arbeitszeit und Privatleben durch klare Regelungen und Absprachen.

› Planen Sie in größeren Zeiträumen, fünf bis sieben Jahre, tun Sie so, als würden Sie ewig leben.

› Treffen Sie Entscheidungen gemeinsam – etwa wie folgt:
  - zuerst die wichtigen:
    Kinder, Familie, Partner, Gesundheit, Freunde, Glaube,
    - dann die weniger wichtigen:
      Beruf, Karriere, Haus, Wohnung, Auto
      - und dann die unwichtigen:
        Hobbys und Leidenschaften, wie z. B. Kochen.

› Halten Sie sich fern von Null-Bock-Kollegen, die ziehen einen nur runter, auch von der Karriereleiter.

› Sorgen Sie für eine gute Qualität der Beziehungen untereinander – durch Werte wie Wertschätzung, Anerkennung und Respekt.

› Erwerben Sie berufliches Rüstzeug durch ständige Weiterbildung und hohe Verwendungsbreite; schauen Sie auch über den beruflichen Tellerrand hinaus.

› Sorgen Sie für ein gutes Betriebsklima.

› Seien Sie Vorbild und gehen Sie Ihrer Arbeit mit Freude und Leidenschaft nach.

› Schaffen Sie Freiräume und Verantwortung, um in Ruhe arbeiten zu können.

› Holen Sie sich aktiv Feedback, fordern Sie Kritik ein, analysieren Sie Ihre Fehler und lernen Sie daraus.

Glückspils*
Pechspils
laktosefrei
* signifikantes Auftreten im Brauhaus Drei Linden, Lünen (Teschi-Phänomen)

Glückspilze aus der Lack Dose

Pilzragout

Zutaten

600 g gemischte Pilze (Champignons, Austernpilze, Kräuterseitlinge)
1 Zwiebel
3 EL Butter
50 ml Weißwein
1 kl. Becher Sahne
½ Bund Petersilie
1 Tomate
Pfeffer, Salz

Zubereitung

Die Pilze putzen und in etwa gleich große Stücke, die Zwiebel in feine Würfelchen schneiden. Zwiebel und Pilze in der Butter anbraten, mit Weißwein ablöschen und einkochen lassen. Dann die Sahne hinzugeben, mit Pfeffer und Salz würzen und bis zur gewünschten Sämigkeit kochen.

Die Petersilie fein hacken. Die Tomate mit kochendem Wasser überbrühen, abziehen, vierteln, entkernen und in kleine Würfelchen schneiden.

Das Ragout mit Petersilie und Tomatenwürfelchen garniert servieren.

Dazu passt Reis oder Baguette.

Glückspilze aus der Lack Dose: Was i(s)st das denn?

> *Vor lauter Kompetenz*
> *haben wir alles richtig gemacht.*

Erfolg

Erfolg macht glücklich und Glück macht erfolgreich. Ist eigentlich ganz einfach. Allerdings suchen manche Menschen ein Leben lang nach ihrer Chance, während andere sie täglich nutzen. Wer Probleme lösen kann, kann am Ende seinen Erfolg nicht verhindern. Und hinterher sieht alles immer so leicht aus. Menschen sind Problemlöser. Wenn man ein Problem gelöst hat, ist man erfolgreich. Im Englischen sagt man „Good Luck", wenn man jemandem viel Glück und Erfolg wünscht; Good Luck hört sich im Deutschen an wie „Gut Lack" und da ist man natürlich schnell bei der guten alten Lackdose (sprich Laktose). Manche Menschen scheinen aber Unverträglichkeiten gegenüber Erfolg und Glück entwickelt zu haben und meinen, nur die anderen hätten immer Glück. Im Englischen nennt man das: „Luck to see intolerance". Nicht zu verwechseln mit der Eiweißunverträglichkeit, die in Deutschland sehr verbreitet ist.

Erfolg bedeutet nichts anderes, als dass man Ziele, die man sich selbst gesteckt hat, erreicht. So können Sie also in erheblichem Maße der Schmied Ihres eigenen Glücks sein. Um seine Ziele zu erreichen, müssen diese klar, konkret und erreichbar sein und man selbst muss über verschiedene Kompetenzen verfügen, wie: Willenskraft, Motivation, Veränderungsbereitschaft, Offenheit, Gewissenhaftigkeit und die Bereitschaft, Probleme zu lösen.

Praktische Winke

Das sollten Sie auf der Pfanne haben:

- Genießen Sie jeden Augenblick, jeden Tag.
- Hören Sie auf, sich ständig zu rechtfertigen.
- Reduzieren Sie den Überfluss in Ihrem Leben.
- Zerbrechen Sie sich nicht ständig den Kopf, denn wie heißt es so schön: „Mal sind Sie die Taube, mal das Denkmal."
- Seien Sie dankbar – dem Leben gegenüber und dem, was Sie aus Ihrem Leben machen können, machen wollen und machen werden.
- Sie haben ein Recht darauf, glücklich zu sein.
- Erfolg hat viele Gesichter; schreiben Sie sich einmal Ihre 10 größten Erfolge auf, die Sie im Leben hatten, z. B. gesund zu sein, Freunde zu haben, einen Ausbildungsplatz bekommen zu haben, eine Trennung gut überstanden zu haben oder bei der Geburt Ihrer Kinder dabei gewesen zu sein…
- Verlassen Sie sich nicht nur auf Ihre Talente, das Risiko ist einfach zu groß.
- Schauen Sie sich die Welt an: Wer glücklich und erfolgreich sein will, muss sich oft verändern.
- Lassen Sie auch mal alte Dinge sausen und öffnen Sie sich Neuem; entrümpeln Sie regelmäßig Ihren Keller, das schafft nicht nur Platz, sondern befreit ungemein.
- Das Leben ist keine Generalprobe oder Übung.
  Leben ist Zeichnen ohne Radiergummi.
- Lösen Sie Probleme und Sie werden erfolgreich sein; identifizieren Sie Probleme, die Sie nicht lösen können und meiden Sie diese, denn sie machen wirklich psychisch krank.

Literatur

Davidis, H.: Praktisches Kochbuch. Bielefeld und Leipzig: Verlag von Velhagen und Klasing 1896.

Lüdke, C./Lüdke, K./Becker, A.: Psycho-Infarkt! Besser Vorbeugen bei Psychostress im Beruf. Heidelberg: medhochzwei Verlag 2013.

Lüdke, C./Becker, A.: Wenn die Seele brennt. Mit eigener Kraft aus der Krise. Heidelberg: medhochzwei Verlag 2011.

Lukschy, S.: Der Glückliche schlägt keine Hunde. Berlin: Aufbruch Verlag 2013

Zietzschmann, E.: Das große Kochbuch. Gütersloh: C. Bertelsmann Verlag 1952.

Danke

Fräulein Kamala von Rüx
sagt Danke
für die Essensreste,
die vom Tisch fallen!

Und wir sagen Ihnen, liebe Leserinnen und liebe Leser,
herzlichen Dank für die Mühe, die Sie uns bereitet haben!

Uns hat es wirklich sehr viel Spaß gemacht,
dieses Kochbuch für Sie zu schreiben.

Wenn Sie wollen, können Sie hier Ihren Senf dazugeben:
www.medhochzwei-verlag.de

Über die Autoren

Kerstin Lüdke, Doktorin der Philosophie (Dr. phil.),

wurde 1970 in Köln geboren, geht mit der Zeit und wird dennoch immer wieder 38 Jahre alt. Sie ist ausgebildete systemische Coachin und studierte Soziale Verhaltenswissenschaften, Soziologie und Rechtswissenschaften sowie Öffentliche Verwaltung-Polzeimanagement. Promoviert hat sie an der Fakultät für Bildungswissenschaften der Universität Duisburg-Essen.

Lüdke ist Autorin von psychologischen Fachartikeln und des Buches „Psycho-Infarkt“; als lecker Mädsche us Kölle kocht sie täglich frisch für ihre zwei Töchter und ist glücklich verheiratet mit Christian Lüdke; ihr Herz schlägt schneller, wenn sie die Domspitzen sieht; sie droht ihrem Mann für alle Zeiten an, so zu werden wie Mutter und Schwiegermutter zugleich, wenn er sie mal wieder zum Kochen bringt. Prosit Mahlzeit!

www.lüdke.de

Foto: Liane Metzler

Christian Lüdke, Doktor der Philosophie (Dr. phil.),

wurde 1960 als echter Hammer geboren, ist Klinischer Hypnotherapeut (Deutsche Gesellschaft für Hypnose und Hypnotherapie), Kinder- und Jugendlichenpsychotherapeut sowie Geschäftsführer der Terapon Consulting GmbH. Er heilt auch mit der Zeit und studierte katholische Theologie und Sport, promovierte in Erziehungswissenschaften, Soziologie und Sportmedizin – und seine Frau bezeichnet ihn als Berufskraftfahrer mit leicht beratender Wirkung. Lüdke ist seit 1999 als Experte in Fernsehen, Funk und Presse tätig mit über 1.000 Beiträgen. Er ist Buchstapler und hat u. a. die Bücher geschrieben: „Psycho-Infarkt", „Wenn die Seele brennt" und „Der kleine Samurai Mio Mio Mausebär". Er ist seit 1997 glücklich verheiratet mit Kerstin Lüdke und lebt mit ihr und zwei Töchtern in Lünen. Lüdke liebt seit seiner Kindheit den „Ruhrgebiets-Budismus". Er geht regelmäßig anne Samba-Bude und bringt seine Frau von Zeit zu Zeit zum Kochen.

www.lüdke.de

Andreas Becker

Jahrgang 1956, Mediengestalter und Illustrator. Er unterstützt als freilaufender Künstler die Kampagne „Regionale Kunst direkt vom Erzeuger– Gut für die Umwelt und unsere Kinder". Becker schafft seit 20 Jahren im Kreativ.Quartier „Alte Kaffeerösterei Lünen", wo auch seine Gedönsmanufactur beheimatet ist. Derzeit betreibt er eine bemerkenswerte Wiederbelebung der historischen Schwarzmalerei. Als Künstler sucht er immer wieder neue Wege, sich auszudrücken.

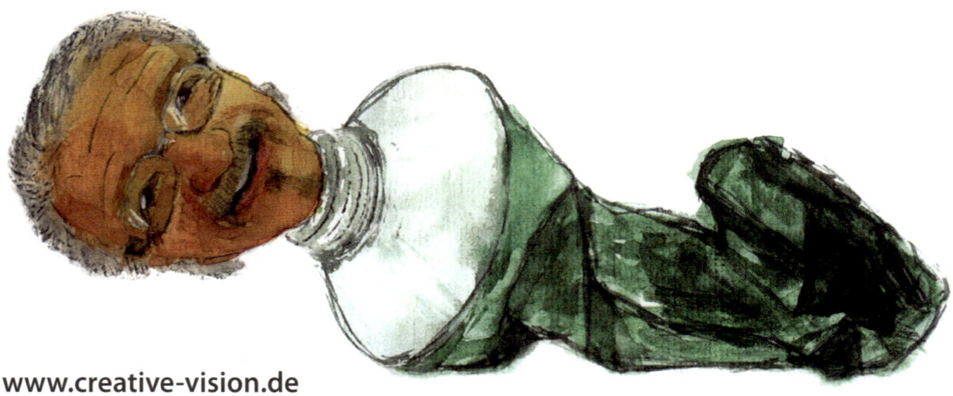

www.creative-vision.de

Schenke herzlich und frei.
Schenke dabei,
Was in dir wohnt
An Meinung, Geschmack und Humor
So daß die eigene Freude zuvor
Dich reichlich belohnt

Joachim Ringelnatz